Irina Weingartner

Der kleine Stern Marlou
und seine Freunde

Ein Buch für kleine und große Menschen

1

Impressum:

1. Auflage, © Karina-Verlag, Wien

www.karinaverlag.at

Text: Irina Weingartner

Lektorat: Tanja Dechet

Covergestaltung: Detlef Klewer, Sandra Siebert

Layout, Überarbeitung: Karin Pfolz

Illustrationen: Sandra Siebert

2017, Karina Verlag, Vienna, Austria,   ISBN: 978-3-96111-391-0

Auslieferung: NOVA MD GesmbH

„Wenn alles so bleibt, wie es ist,

bleibt bald nichts mehr, wie es ist."

[Balthasar Glättli, Schweizer Politiker, *1972]

3

Inhaltsverzeichnis

Der kleine Stern Marlou und die große Welt

„Man muß das Gute tun, damit es in der Welt sei."
[Marie von Ebner-Eschenbach, österreichische Schriftstellerin *1830, † 1916]

Sinemon war schrecklich aufgeregt. In Kürze würde ein kleiner Stern namens Marlou am Firmament auftauchen. Seine vorerst zaghafte Erscheinung würde zu einem hellen Leuchten werden und sein Strahlen das Funkeln am Himmel der Welt bereichern. Und ihm, Sinemon, würde die ehrenvolle Aufgabe zukommen, den neuen Stern willkommen zu heißen, ihm seinen Platz für die Ewigkeit zu zeigen, ihn einzuweisen in seine Pflichten als Stern und ihm als väterlicher Begleiter zur Seite zu stehen. Sinemon freute sich sehr darauf. Er fühlte sich geehrt und der Aufgabe gewachsen, war er doch ein erfahrener Stern. Gleichzeitig verspürte er ein Kribbeln, das nicht nur an der Vorfreude lag, sondern auch ein wenig Angst bedeutete. Denn er würde seinem Schützling die Welt zeigen, über die Marlou in Zukunft mit seinem Leuchten wachen würde.

Sinemon wusste, dass es neben den Schönheiten auf der Erde auch Dinge gab, mit denen Marlou zu kämpfen haben würde. Er erinnerte sich noch sehr gut, wie er als kleiner Stern an der Reihe gewesen war, am Himmel zu leuchten. Was war er damals aufgeregt gewesen! Und er war neugierig und stolz, unsagbar stolz gewesen.

Jahrmillionen waren vergangen, seit er seinen Platz am Firmament gleich allen anderen Sternen als Teil des Universums eingenommen hatte: wichtig, schön, verehrt und angehimmelt. Angehimmelt – Sinemon musste lächeln – ja, das war wohl das richtige Wort. Sterne wurden angehimmelt, obwohl sie bereits Teil des Himmels waren. Sein Lächeln vertiefte sich, als er an seinen kleinen Nachfolger dachte. Der war voller Vorfreude und Erwartung. Sinemon wurde wehmütig. Er wusste, wie es war, den Menschen auf der Welt zusehen zu müssen, was sie auf und mit dem wunderbaren Planeten anrichteten. Tatenlos mussten die Sterne das Schauspiel verfolgen, mit dem Wissen, dass die Erde unter diesen Bedingungen nicht mehr lange im Gleichgewicht sein würde, geschweige denn bestehen konnte. Da bemerkte Sinemon einen zarten Schein an seiner Seite. Es war Marlou, der ihn aus seinen Gedanken holte.

Sinemon fasste sich und sah Marlou, den kleinen Stern, an. Wie unschuldig, wie rein und unverdorben er aussah!

„Mein Name ist Sinemon. Ich heiße dich hier an deinem Platz im Universum willkommen", begrüßte der große den kleinen Stern.

„Hallo Sinemon", meldete sich Marlou, der vor Aufregung fast zappelte. Sinemon fuhr fort: „Ich hoffe, du trägst deinen Teil zum Universum bei und füllst deinen Platz mit Hingabe und Stolz aus."

Marlou sah seinen Mentor aus großen Augen an. „Ich kann es gar nicht erwarten, endlich meinen Platz am Himmel einzunehmen. Noch dazu über dem Planeten Erde, von dem ich schon so viel Schönes gehört habe. Das blaue Meer, die traumhaften Landschaften mit ihrer bunten Vegetation, die vielen Tiere und die unterschiedlichen Menschen." Marlou's Herz hatte sich verbunden mit der Schönheit der Erde. Er war bereit, für diese Welt besonders hell zu leuchten.

Sinemon freute sich, spürte aber zugleich einen kleinen Stich im Herzen, denn er hatte Angst, Marlou dessen Illusion der heilen Welt zu nehmen. Die Erde war leider nicht ganz so heil, wie der kleine Stern dachte. Die Menschen hatten ihr schon zu viel angetan.

Sinemon nahm Marlou an der Hand und sagte: „Das Leben auf diesem Planeten hat Sonnen- und Schattenseiten. Sieh das Schöne, aber auch die Probleme! Es herrscht viel Unfriede, sogar Krieg. Und diese Zustände bringen unendlich viel Elend, Qual und Tod mit sich. Ich würde dir gerne die Freude des Lebens zeigen, die Freude, die der Grund und die Basis allen Lebens ist. Es gibt sehr wohl Gegenden auf der Erde, wo die Menschen sich ihrer verantwortungsvollen Rolle als Bewahrer der Welt bewusst sind, ihr Leben wertschätzen und sich selbst, die Mitmenschen und ihre Umwelt pflegen. Doch es gibt auch Regionen, in denen jede Empathie fehlt, in der die Menschen keinerlei Rückhalt und Geborgenheit finden, und auch die Liebe unter ihnen verloren gegangen ist. Gerade hier ist es deine Aufgabe, Marlou, so hell wie möglich zu leuchten, damit du den Menschen die Hoffnung gibst, dass nicht Zorn, Hass und Wut das Leben bestimmen, sondern dass das Leben auf Erden ein lebenswertes und schönes sein kann."

Marlou hatte seinem Lehrmeister aufmerksam zugehört.
„Sinemon, ich habe mir die Welt oder besser gesagt, das, was auf der Welt passiert, etwas schöner vorgestellt. Sorge dich nicht, ich werde all meine Leuchtkraft einsetzen, um den Menschen einen besseren Weg zu weisen", gab er recht erwachsen zurück.
„Die Welt ist immer noch unglaublich schön", antwortete Sinemon.

„Wir Sterne wissen das, manche Menschen auch. Menschen, die weder die Zeit, noch Augen und Muße für die Erde und ihre Vollkommenheit haben, benötigen jedoch unsere Hilfe. Wir wollen sie leiten. Es geht darum, dass jeder Mensch auf dieser Welt nur Gast ist und im Rahmen dieses Gastrechtes ein gutes Leben führen soll, das geprägt ist von Respekt, Liebe und Verständnis gegenüber seinen Mitmenschen und der Umwelt."

Marlou nickte: „Ich habe verstanden, Sinemon." Dieser freute sich und war beruhigt. Der große Stern hatte in dem kleinen Stern seinen würdigen Nachfolger gefunden. Der Kleine hatte in sehr kurzer Zeit sehr viel über die Welt erfahren, auch Dinge, mit denen er nicht gerechnet hatte. Doch gerade dieses Wissen und die Verantwortung für die Erde machten den kleinen Stern Marlou zu einem ganz großen.
„Sinemon, ich danke dir für dein Vertrauen und verspreche dir, dass ich meine ganze Strahlkraft einsetzen werde, um den Menschen auf der Welt zu zeigen, dass man das Gute tun muss, damit es in der Welt ist."

Der kleine Fisch Luis und das Meer

„Nach dem Sternenhimmel ist das Größte und Schönste was Gott geschaffen hat, das Meer."
[Adalbert Stifter, österreichischer Schriftsteller *1805, †1868]

Ein dünnes, feines Etwas, das an einem Korallenast hing, bewegte sich im Wasser. Luis war in den letzten Tagen einige Male daran vorbei geschwommen. Er wusste nicht, was das war. „Heute werde ich mir das Ding näher ansehen", dachte der kleine Fisch. Er war schon immer neugierig gewesen. Diese Neugierde hatte ihn oft schöne Dinge entdecken und kleine Abenteuer erleben lassen. Bunte verzweigte Korallen, phantasievoll geschwungene Schneckenhäuser, wogende Meerespflanzen in den unterschiedlichsten Farben, edle Muscheln mit zarten Mustern und geheimnisvoll verborgene Höhlen waren am Meeresboden zu finden. Dazwischen tummelten sich Krebse, Seepferdchen und zahlreiche Artgenossen. Ein herrlicher Spielplatz für einen kleinen Fisch!

Was aber machte dieses farblose, durchsichtige Ding in dieser bunten Welt? Luis schwamm ganz vorsichtig heran, sah es sich von allen Seiten an, doch er konnte nicht erkennen, was es war. Ein neues Spielzeug? Er hatte so etwas noch nie gesehen.

Es schaukelte leicht und erinnerte ihn an eine Qualle. Luis wusste aber nicht, ob es die Bewegung selbst erzeugte oder ob die Wellen des Meeres dafür verantwortlich waren. Er stupste das Ding vorsichtig an, dann schwamm er hinein. Da war aber nichts, nur Wasser. Luis war enttäuscht. Er hatte sich dieses Abenteuer spannender vorgestellt. Doch das Abenteuer sollte erst beginnen, als er wieder weiter schwimmen wollte. Denn Luis hatte sich irgendwie in diesem komischen Ding verfangen. Er schwamm und schwamm gegen die dünnen Wände, kam aber nicht weiter. Wie konnte das sein? Die Wände von diesem Ding waren doch weich und beweglich, wie konnten sie ihn festhalten? Luis begann wie wild zu zappeln und stieß gegen alle Seiten dieses Dings. Er war gefangen! Der kleine Fisch war verzweifelt, warum hatte er sich auch alleine hineinwagen müssen? Er weinte. Plötzlich sah er seinen Vater, den großen Fisch Harry, auf der anderen Seite der dünnen Wand.

„Junge, was machst du denn da drinnen?"

„Bitte, hilf mir hier raus, ich bin gefangen", schrie der kleine Fisch voller Panik.

Der große Fisch schwamm rasch nach oben und löste das Ding mit einem Ruck von der Koralle. Auf diese Weise konnte er seinen Sohn aus dessen unfreiwilliger Gefangenschaft befreien.

„Luis, du weißt doch, dass du dich von Sachen, die du nicht kennst, fernhalten sollst.

Das habe ich dir schon so oft gesagt." Der große Fisch versuchte, nicht allzu streng zu sein, denn er sah den Schrecken in Luis' Augen.

„Es tut mir leid, aber ich war so neugierig und es sah doch nicht wirklich gefährlich aus."

„Ja, mein Junge, so kann man sich täuschen."

„Aber was ist das für ein Ding?", fragte der kleine Fisch.

„Komm mit, Luis, ich zeige es dir." Harry nahm Luis an der Flosse und schwamm mit ihm ans Riff. Dort angekommen, erstarrte der kleine Fisch und begann zu zittern. Vor ihm lag ein riesengroßer Berg sonderbarer Gegenstände am Meeresgrund. Luis hatte auf seinen Erkundungstouren schon das eine oder andere Schiffswrack liegen gesehen. Er wusste von seinem Vater, dass Schiffe auf dem Meer schwammen und dass sie, wenn sie kaputt gingen, auf den Grund sanken und dort liegen blieben. Aber das, was er jetzt sah, war zu viel für ihn. „Papa, was ist das alles? Das gehört doch hier nicht hin. Und sieh doch mal! Rundum, da ist ja keine einzige Koralle, keine bunten Anemonen und auch keine Fische mehr!"

„Da hast du Recht. Was du da siehst, ist eine Unterwassermülldeponie der Menschen. Hier haben sie gedankenlos Dinge entsorgt, die sie nicht mehr brauchen. An Land gibt es viele Vorschriften, das ist sehr kompliziert und die Entsorgung teuer. Daher kippen sie die giftigen Abfälle lieber ins Meer. So sind sie auch weg und niemand sieht sie mehr."

Luis war entsetzt: „Was heißt niemand? Wir sind doch hier, wir sind nicht niemand. Wir, die Fische, die Schildkröten, die Korallen, einfach alle Meeresbewohner – wir sind hier daheim! Das können sie nicht machen!"

„Doch, wie du siehst, können sie das machen. Ungeklärte Abwässer aus Städten und Industrieanlagen, verdrecktes Ballastwasser aus Schiffstanks, Kerosin direkt aus dem Flugzeug, Öl aus lecken Tankern oder von Bohrinselunfällen, Schwermetalle, Chemikalien bis hin zu radioaktiven Abfällen, Metalle und Plastik in jeder erdenklichen Form verwandeln das Meer zunehmend in eine gigantische Mülldeponie." *

Luis war fassungslos. „Aber mit welchem Recht laden die Menschen ihren Müll in unser Meer?"

„Mit keinem Recht. Sie machen es einfach. Das durchsichtige Teil, in dem du gefangen warst, war ein Plastiksack."

„Was ist Plastik?" Luis war völlig verwirrt.

„Plastik ist ein Stoff, aus dem sehr viele Dinge erzeugt werden: Flaschen, Sackerl, Spielzeug, Verpackungen und alles Mögliche. Vieles davon gelangt über die Flüsse in unser Meer. Mit Plastik wird ungemein leichtfertig umgegangen, obwohl es extrem langsam verrottet. Metalle benötigen Jahrzehnte, bis sie sich im Meerwasser auflösen. Was aber nicht heißt, dass das Auflösen eine Lösung ist. Bei manchen Kunststoffsorten dauert es Jahrhunderte." **

Luis wurde traurig. Harry sah, wie nah seinem kleinen Sohn das alles ging. Er beruhigte ihn: „Nicht alle Menschen sind so. Es gibt zum Glück viele, die auf unserer Seite sind, auf der Seite des Meeres. Die wissen, dass das Meer Lebensraum, Ökosystem, Energiequelle und Erholungsgebiet zugleich ist. Die unseren Lebensraum mit all seinen Lebewesen schätzen und schützen. Die alles dafür tun, dass er für uns hier im Wasser, aber auch für die Menschen an Land erhalten bleibt. Das Meer als in sich funktionierendes Ökosystem ist von enormer Wichtigkeit. Jedes Einzelne der über einer Million Lebewesen im Ökosystem Meer ist von immenser Bedeutung, ob es sich um winzig kleine Planktonteile, um Korallen, Fische oder Algen handelt. Das Fehlen eines Rädchens im System kann verheerende Folgen haben!"

„Und du bist sicher, dass es diese Menschen gibt, die uns und unseren Lebensraum schützen?", fragte Luis unsicher.

„Ja, Luis, die gibt es!"

Der kleine Fisch sah den großen Fisch an. Er war dankbar, dass er so einen weisen Fisch als Vater und Lehrmeister hatte.

*Die mit Abstand größte Mülldeponie befindet sich im Pazifik zwischen der Westküste der USA und Hawaii und ist mittlerweile so groß wie Zentraleuropa.

**Bis zu 450 Jahre benötigt eine Kunststoffflasche oder eine Wegwerfwindel, bis sie sich zersetzt hat.

Der kleine Storch Fabricio und der Elektromüll in Afrika

> „Der Mensch ist das einzige Lebewesen, das Vernunft besitzt. Aber kein anderes
> Lebewesen würde jemals so unvernünftig handeln."
> [Peter Rosegger, österr. Schriftsteller, *1843 ,†1918]

„Wie lange sind wir noch unterwegs?" maulte der kleine Storch. Der große Storch beruhigte: „Ein wenig musst du dich noch gedulden. Es ist nicht mehr weit." Der kleine Storch wusste, dass sie jeder Flügelschlag ein Stück weiter brachte, doch spürte er auch jeden einzelnen Flugtag in seinen Schwingen. „Der Kontinent mit unserem Winterdomizil liegt geradeaus vor uns. Wir müssen noch ein paar Länder überfliegen, dann haben wir es geschafft."

Fabricio, der kleine Storch, schnaufte leise. Claudio, der große Storch, versuchte ihn ein wenig aufzumuntern: „Sieh mal nach vorne, gleich haben wir Afrika erreicht. Wir überqueren nur noch die Meerenge zwischen Europa und Afrika, die Straße von Gibraltar."

„Wie? Heißt das, wir fliegen nun doch über das Meer? Ich dachte, das können wir nicht, wegen der Winde oder so?" Fabricio war etwas irritiert. Zu Beginn der Reise hatte er erfahren, dass sie ausschließlich über Land fliegen würden. Und nun sollte er doch über das Meer fliegen, noch dazu über eine Meerenge! Wozu dann der Umweg und würde er das überhaupt schaffen?

„Keine Angst, Fabricio. Wir können alles überfliegen. Da wir aber eine sehr weite Strecke von Mitteleuropa bis nach Westafrika hinter uns bringen müssen, nutzen wir die Zaubertricks der Natur, um besser und kräfteschonender voranzukommen."

Der kleine Storch blickte Claudio aus großen Augen fragend an. „Zaubertricks, das klingt ja spannend. Erzähl mir davon!" rief Fabricio.

„Naja, so richtig sind es keine Zaubertricks, aber es sind durchaus Phänomene der Natur. Wir nutzen die Thermik, eine Form von Aufwind, der durch die Sonneneinstrahlung auf den Boden und die dadurch aufsteigende warme Luft entsteht. Durch diesen Aufwind können wir uns im Segelflug weite Strecken vorantreiben lassen. Da es diese Thermik über dem Meer nicht gibt, fliegen wir einen Umweg über Land. Dafür benötigen wir weniger Kraft."

„Das ist ja total interessant. Wer hat sich das ausgedacht?", wollte Fabricio wissen.

Claudio musste lachen. „Das ist die Natur mit ihrem ausgeklügelten System."

„Wow, coole Sache! Dann lass uns die restliche Thermik des Tages noch nutzen, um über diese Meerenge zu fliegen."

Schon glitt er dahin, der kleine Storch, und überquerte die Straße von Gibraltar. Im Nu befand er sich über einem anderen Kontinent.

„Wie gefällt dir das Land unter uns?", fragte Claudio.

„Ich weiß nicht so recht. Warum ist hier überall nur Sand?"

„Hier im Norden Afrikas befinden sich viele Wüstengebiete. Die bestehen nun mal aus Sand."

Fabricio unterbrach Claudio: „Ja, und wo sollen wir da etwas zu fressen finden?" „Mach dir keine Sorgen, wir fliegen noch ein Stückchen weiter nach Süden. Wir werden in der westafrikanischen Savanne unser Winterdomizil aufschlagen. Dort finden wir genügend Futter", beruhigte der große Storch den kleinen Storch.

Während sich Fabricio mit seiner Gruppe von knapp vierzig weiteren Störchen im Segelflug über der Sahara befand, sah er sich den unter ihm liegenden Landstrich genau an. Er kannte natürlich zahlreiche Sandstrände, die sie in den letzten Tagen überflogen hatten, doch so viel Sand auf einmal war ihm noch nicht untergekommen. Je länger er seinen Blick über die Gegend schweifen ließ, desto erstaunlicher fand er diesen riesigen Kontinent. Er konnte sich nicht vorstellen, nach so viel Trockenheit und Sand demnächst in Sumpf und Grün zu landen. Plötzlich wurde Fabricio aus seinen Gedanken gerissen. Riesige Rauchschwaden wuchsen über einem breiten Landstrich an der Küste in den Himmel.

Der Grund dafür waren zahlreiche Feuerstellen. Rund um diese Brandherde gab es kleine dunkle Anhäufungen. Fabricio sah sich nach Claudio um.

„Sieh mal, Claudio, was ist da unten los? Dort brennt es doch!" Claudio hatte die Rauchsäulen ebenfalls bemerkt.

24

Schon als sie sich Afrika genähert hatten, waren in ihm unschöne Erinnerungen aus den letzten Jahren hochgestiegen. Er erklärte Fabricio: „Ich beobachte dieses Unglück leider schon seit einigen Jahren. Da unten lagert ein Haufen Elektromüll, der illegal nach Afrika gebracht und hier deponiert wird. Vor rund fünfzehn Jahren war da unten eine grüne Lagune. Heute leben die Menschen dort auf einer meterhohen Lage von Elektro- und Plastikschrott unter den schlimmsten Bedingungen. Die Schadstoffbelastung in Luft und Boden überschreitet die zulässigen Grenzwerte um das fünfzigfache!" Fabricio klapperte vor Aufregung mit seinem Schnabel. „Aber warum bleiben die Menschen dort?" fragte er voll Unverständnis.

„Die Menschen suchen sich das nicht freiwillig aus. Sie haben keine andere Möglichkeit. 50 Millionen Tonnen Elektromüll entstehen jedes Jahr. Davon werden zwei Drittel in Entwicklungsländer wie hier nach Afrika exportiert. Die Menschen in Europa deklarieren diese Waren als Gebrauchtware, in Wahrheit laden sie hier ihren Müll ab und umgehen so die teure Entsorgung in ihrer Heimat."

„Das ist ja unerhört! Die Menschen dort unten leben im Müll und die Tiere am Boden und wir hier in der Luft sind genauso davon betroffen", war Fabricio entsetzt.

„Die gesamte Umwelt leidet darunter. Aber das Schlimmste ist, dass man einen Großteil dieses Mülls verhindern könnte, wenn nicht manche Firmen Jahr für Jahr neue Handys auf den Markt brächten. Mit ihrer Werbung manipulieren sie die Menschen derart, dass sie wie ferngesteuert ständig diese neuen Dinge kaufen, obwohl ihre alten Geräte noch funktionsfähig sind. Keiner macht sich darüber Gedanken, was mit diesen passiert. Viele Geräte werden heute so gebaut, dass bestimmte Teile nach einer gewissen Zeit, meist nach ein bis zwei Jahren, defekt werden. Diese sind dann entweder nicht lieferbar oder nicht reparabel, damit wieder neue Geräte gekauft werden müssen. So nimmt das Übel seinen Lauf – weil die Wirtschaft immer nur auf Fortschritt, Expansion und Wachstum aus ist, statt innezuhalten, nach- und umzudenken. Zeichen für eine notwendige Umkehr gäbe es genug."

Fabricio war sprachlos. Doch wieder tauchte eine Frage auf. Die Störche waren etwas tiefer geflogen, als er unter sich eine riesige Deponie sah, auf der sich zahlreiche Kinder zu schaffen machten. „Was machen diese Kinder auf dem Müll?"

„Willst du das wirklich wissen, Fabricio?", fragte Claudio. Der kleine Storch nickte so heftig, dass sein Schnabel wieder zu klappern begann.

„Diese vielen Kinder verbringen ihre Zeit auf den Deponien, statt in die Schule zu gehen. Sie arbeiten, um etwas zum Familieneinkommen beizutragen. Die kaputten Geräte werden von den Kindern auseinandergeschraubt und die Teile über dem Feuer verbrannt, damit sie an die Metalle gelangen. Das ist schädlich für die Gesundheit und die Umwelt. Aluminium, Kupfer oder Eisen, das sie unter giftigem Feuer herauslösen, verkaufen sie gegen geringes Geld an Großhändler, die diese wieder als Rohstoffe an

27

die Industriestaaten exportieren. Und das alles, weil einige Wenige an diesen menschenunwürdigen Müllschiebereien fettes Geld verdienen – ohne Rücksicht auf Mensch, Tier und Umwelt." „Wie kann man das verhindern?", wollte Fabricio wissen. „Verhindern können wir Störche das gar nicht. Aber wir können uns überall bemerkbar machen, wo Menschen sind, damit sie zu uns hinaufsehen statt auf ihre Handys, zu deren Geiseln sie sich machen lassen. Wir können sie auf uns, auf die Natur, ihre Umgebung aufmerksam machen, dass das Leben hier und jetzt stattfindet und nicht im Handy, im Computer oder im Fernseher."

Tags darauf landete die Storchenkolonie in der Savanne. Fabricio hatte sich neben Claudio gestellt und genüsslich einige Frösche verschluckt. Er atmete auf, wusste aber im Stillen, dass er die Erklärungen Claudios nicht vergessen durfte. „Wenn wir wieder in den Norden unterwegs sind, müssen wir allen von diesen schrecklichen Umweltsünden erzählen."

Der kleine Regenwurm Rollo und die Verbauung

„Bei der Stapelung der Wohnungen nach oben geht zuerst der Mensch zugrunde und dann die Natur. Bei der Stapelung in die Breite läuft es umgekehrt."
[Friedensreich Hundertwasser, österr. Künstler, *1928, †2000]

„Wir können doch nicht schon wieder umsiedeln! Das ist dann schon das achte Mal in so kurzer Zeit. Ich kann und will nicht mehr!" Xaver war erschöpft. Er hatte alle Regenwürmer seiner Kolonie zu einer Lagebesprechung gerufen.

Innerhalb der letzten zwei Jahre hatte sich ihr Lebensraum in eine Betonwüste verwandelt, auf der ein riesiges Wohnhaus nach dem anderen gebaut wurde. Je schmaler, desto höher und möglichst viele nebeneinander. „Riesige Betonmischmaschinen sind wieder angerollt. Wir können hier nicht mehr bleiben. Ich bin ratlos", seufzte Xaver.

Die versammelten Regenwürmer zogen sich enttäuscht zusammen. Alle waren ratlos. Natürlich konnten sie immer weiterziehen, aber sie hatten Angst, dass sie irgendwann keinen Ausweg und somit keinen Lebensraum mehr finden würden. Außerdem war es enorm anstrengend, verdichtete Böden wieder durchzugraben und den eigenen Bedürfnissen anzupassen.

„Was sollen wir deiner Meinung nach tun? Einfach aufgeben und kläglich verhungern?", fragte einer aus der Runde.

„Ich weiß es nicht. Ich bin einfach nur müde", antwortete Xaver erschöpf.. Damit wollte sich aber kein Regenwurm zufrieden geben, was am immer lauter werdenden Gemurmel erkennbar war. Da Xaver jedoch nicht mehr reagierte, zogen sich die Regenwürmer zurück und die Versammlung löste sich auf.

„Was können wir tun?", hörte Xaver eine zarte Stimme. Er hatte gar nicht gemerkt, dass er nicht alleine war. Als er aufsah, blickte ihn der kleine Regenwurm Rollo an.

„Wir sind doch nützliche Tiere! Da muss doch was zu machen sein!"

Xaver lächelte. „Ja, mein Kleiner, da hast du Recht. Wir sind sogar sehr nützlich. Zu der Zeit, als es noch viel mehr Felder und Äcker gab, als die Landwirtschaft noch rentabel und Bauer ein renommierter Beruf war, hatten wir eine Menge zu tun. Außerdem habe ich den Eindruck, dass die Menschen uns Regenwürmer früher mehr schätzten, sich unserer Bedeutung für die Bodenfruchtbarkeit bewusst waren. Nicht so wie heute, wo alles mechanisch und chemisch bearbeitet wird."

Xaver seufzte, als er seinen Gedanken und Erinnerungen nachhing. „Dann suchen wir uns eben wieder einen Acker, wo wir leben können", meinte Rollo.

„So einfach ist das nicht. Wir sind die letzten Jahre über schon von Acker zu Acker gezogen, aber dieses Gebiet hier wurde und wird nach und nach zur Gänze verbaut.

Die Menschen scheinen sich in einem besonders raschen Tempo zu vermehren, dass sie immer mehr Land zum Wohnen benötigen. Sind einmal Wohnbauten errichtet, folgt das ganze Rundumprogramm: Supermärkte, Baumärkte, Einkaufszentren. Da siehst du dann vor lauter Beton die Erde nicht mehr", erklärte der große dem kleinen Regenwurm.

„Die Menschen brauchen doch auch Wiesen und Wälder rund um sich, sonst ist das doch hässlich", überlegte Rollo.

Xaver schmunzelte über Rollos Argumentation und fuhr fort: „Dafür gibt es dann zwischen den Betonblocks kleine Parks oder Spielplätze, aber das ist für uns auch kein passender Lebensraum. Außerdem ist durch diese künstlich angelegten Siedlungen der Boden so verdichtet, dass wir keine Chance haben, uns da durchzukämpfen. Von organischer Substanz, die uns als Nahrung dient, keine Rede, denn auf den getrimmten Rasen verrottet auch nichts, das wir verwerten könnten."

Was Rollo da zu hören bekam, gefiel ihm überhaupt nicht. Er hatte den Eindruck, dass Xaver tatsächlich keine Lösung wusste. Der kleine Regenwurm dachte angestrengt nach. Aber irgendetwas musste es doch geben!

„Weißt du, wenn sie wenigstens Häuser mit Gärten bauen würden, dann hätten wir eine geringe Chance, aber mit diesen hässlichen Wohnblocks, die bis weit in den Himmel ragen… Tut mir leid, mein Kleiner."

Xaver sah, dass Rollo nicht verstand, worin der Unterschied bestand. Woher auch? Schließlich war er ja noch klein.

Und so erzählte der große dem kleinen Regenwurm, dass sie nicht nur in der Landwirtschaft fleißig mitarbeiten konnten, sondern die besten Kompostierer waren, die es gab. Die meisten Menschen, die in Häusern mit Gärten lebten, hatten einen eigenen Komposthaufen, das Paradies für jeden Regenwurm. Hier wurden sie von den Menschen auch noch gerne gesehen. Dort konnten sie das ganze Blattwerk, verwelkte Blüten und natürlich den Biomüll verarbeiten und daraus wertvollen Humus erzeugen. In vielen Gärten gab es wunderbare bunt gemischte Gemüsebeete, wo sich die Regenwürmer ebenfalls wie im Paradies fühlten und gute Arbeit vollbrachten. Rollo hörte Xaver aufmerksam zu, als er sich plötzlich erinnerte, einen Menschen mit einem Sack Erde, Schaufel, Gummistiefel und einem Haufen Grünzeug zu einer Holzkiste gehen gesehen zu haben. Er hatte sich zwar gewundert, aber sich nichts weiter dabei gedacht. Als Rollo dem großen Regenwurm davon berichtete, wurde dieser ganz aufgeregt.

„Rollo, versuch dich zu erinnern, wo das war!", rief er. Rollo musste es nicht versuchen, er wusste es ganz genau. „Komm mit, ich kann es dir zeigen. Es ist nicht weit von hier."

Die beiden mussten sich nicht weit weg begeben, als Xaver plötzlich stoppte. Das konnte er nicht glauben. Die Betonmenschen betrieben Landwirtschaft in Holzkisten.

Wie ging das? Das hatte er noch nie gesehen. War das ernst gemeint? Xaver war verwirrt. Vor ihm das neue Leben – im Kopf noch die Resignation. Sein Herz wollte schon vor Freude hüpfen, aber es meldeten sich Zweifel. Doch er hörte auf sein Bauchgefühl, das ihm sagte, dass sie hier bleiben sollten.

„Guerilla Gardening ist eigentlich ein sehr harter Ausdruck dafür, dass wir diese Betonwüsten begrünen und Platz für den Anbau von gesundem Gemüse schaffen. Ich finde das sehr cool, dass du dich das traust, Jonas", hörten die beiden Regenwürmer eines der gummibestiefelten Wesen sagen.

Der andere Gummistiefelträger zeigte unter seinem riesigen Strohhut ein breites zufriedenes Lächeln. „Ja, nur weil wir noch nicht genügend Geld für ein eigenes Haus haben, heißt das nicht, dass wir nicht unser eigenes Gemüse anbauen können."

Voller Freude pflanzte das junge Paar die unterschiedlichsten Gemüse- und Obstsorten in sein Beet. „Jonas, sieh doch mal!", rief Klara freudig, „Hier warten schon unsere ersten Guerilla Gardener, ist das nicht entzückend?"

Jonas folgte Klaras Blick und sah zwei kleine Regenwürmer am Boden. „Sieht aus, als würden uns die beiden beobachten."

„Na klar, die freuen sich. Siehst du das denn nicht?", meinte Klara, „Was denkst du, wie es den Tieren geht, wenn alles zugepflastert wird? Sie verlieren ihren Lebensraum!"

Jonas sah abwechselnd seine Freundin und die beiden Regenwürmer an.

Plötzlich stach er erneut und voller Enthusiasmus in die Erde: „Wir schaffen ihnen neuen Lebensraum und uns gutes und vor allem ehrliches Essen!" Klara gab Jonas einen Kuss, setzte die nächste Reihe Gemüsepflanzen und schenkte den beiden Regenwürmern ein herzerwärmendes Lächeln.

Der kleine Vogel Fynn und die Luftverschmutzung

„Alles, was gegen die Natur ist, hat auf Dauer keinen Bestand."
[Charles Darwin, Begründer der Evolutionstheorie,*1809, †1892]

„Ahem, ahem …", hustete der kleine Vogel Fynn. Es war der zweite Tag, an dem sich die Sonnenstrahlen mit ihrer ganzen Kraft bemühten, jede einzelne Knospe, jeden einzelnen Grashalm zu berühren, damit der Frühling sich im ganzen Land ausbreiten konnte. Auch Fynn wollte von den Sonnenstrahlen berührt werden. Er hatte sich ganz zeitig am Morgen auf den vordersten Ast seines Lieblingsbaumes gesetzt, um sich einem lange vermissten Sonnenbad hinzugeben. Da drang ekelhafter Gestank zu ihm herauf, der ihn fürchterlich husten ließ. Der kleine Vogel öffnete seine Augen, blickte den Baum hinunter und sah ein Auto mit laufendem Motor stehen.

„Was soll denn das?", fragte sich der kleine Vogel. Er wusste, was ein Auto war und wie dieses Ding funktionierte. Er wusste auch, dass man ein Auto dazu benutzte, um von einem Ort an den nächsten zu kommen. Jenes da unten stand aber fest an seinem Platz und hatte trotzdem den Motor laufen. Und es stank so grauenvoll, dass es bis in seine Nase drang und einen Hustenreiz auslöste. Fynn dachte kurz nach, dann beschloss er, hinunterzufliegen und sich den im Auto sitzenden und für den Gestank verantwortlichen Typen näher anzusehen. Vielleicht bemerkt er ja, was er macht, wenn

er mich sieht, überlegte der kleine Vogel.

Doch als er sich auf die Windschutzscheibe des Autos setzte, schaltete der Fahrer doch tatsächlich den Scheibenwischer ein.

„Verschwinde und scheiß mir ja nicht die Scheibe voll, der Wagen ist frisch gewaschen. Los, hau schon ab!" Fynn konnte gerade noch abheben, ehe er von einem der Scheibenwischer getroffen wurde. Er war entsetzt. Was waren das nur für Menschen, einen so süßen Vogel, wie er einer war, einfach mit dem Scheibenwischer zu vertreiben? Er hätte tot sein können!

„Weißt du, Fynn, die Menschen denken leider oft nicht nach, wenn sie bestimmte Dinge tun – wie zum Beispiel den Motor nicht auszuschalten, während sie im Auto auf etwas warten. Manchmal passieren solche Sachen aus Gewohnheit, manchmal, weil sie es nicht besser wissen und manchmal leider auch, weil ihnen alles rund um sie herum egal ist. Wahrscheinlich war dem Mann im Auto einfach nicht warm genug, deshalb musste er den Motor laufen lassen, damit die Heizung funktionierte", erklärte der große Vogel dem kleinen auf dessen Nachfrage.

„Aber er hätte sich doch bloß in die Sonne stellen müssen, statt die Luft zu verpesten!", versuchte es Fynn. Doch Liam, der große Vogel, schüttelte nur den Kopf.

„Uns geht es hier ja, abgesehen von unverantwortlichen Umweltsündern, die mit dem Auto am liebsten bis ins Bett fahren würden, um keinen Schritt zu viel gehen zu müssen, ja noch relativ gut. In manchen Gebieten gibt es so viel Luftverschmutzung, dass man vor lauter Rauch und Staub den Himmel nicht mehr sieht." Fynn sah den großen Vogel verdutzt an.

„Wie kann das denn sein?", wollte er wissen.

„Naja, das ist leider ganz einfach. Der Mensch hat, um seinen heutigen Lebensstandard zu halten, einen enormen Energieverbrauch. Dieser setzt sich aus mehreren Faktoren zusammen: Industrie, Energieerzeugung, Landwirtschaft und Verkehr."

„Das musst du mir bitte genauer erklären", sagte Fynn. Liam freute sich über Fynns Interesse, wenn auch das, was er dem kleinen Vogel nun erzählen würde, wenig erfreulich war.

„Wie du selbst bemerkt hast, sind Autoabgase extrem stinkend, sie sind auch enorm schädlich und enthalten Stickoxide, Ruß und viele andere giftige Stoffe. Durch verschiedene Gesetze wird zwar versucht, die Emissionen zu verringern, auch umweltschonende Autos werden entwickelt. Die Industrie setzt lieber auf größere, schwere Autos, wie die SUVs (Sports Utility Vehicles). Diese Fahrzeuge verfügen über hohe Leistung – die hauptsächlich für unwegsames Gelände und nicht für die Großstadt gebraucht wird – und haben daher einen sehr großen Energieverbrauch. Das wiederum hat enorm hohe Treibhausgasemissionen zur Folge. Auch die Emissionen des weltweiten Schiffsverkehrs tragen zur Luftverschmutzung bei und verunreinigen zusätzlich das Meer. Die vielen Flugzeuge am Himmel fliegen, als ob sie Vögel wären, das erlebst du ja täglich hautnah, aber sie verpesten ordentlich die Luft.' Liam machte eine Pause. „Dazu kommt die immense Luftverschmutzung durch die Industrie. Die meisten Produkte, die der Mensch zum täglichen Leben braucht, werden industriell in Fabriken hergestellt, dann gibt es Strom-, Wärme-, Energie- und Atomkraftwerke. Was glaubst du, was die alles an Schmutz in die Luft rausschießen? Diese Dinge verbinden sich in Großstädten zum sogenannten Smog, sodass die Menschen dann mit Mundmasken herumlaufen, um nicht krank zu werden. Viele von ihnen haben wahrscheinlich noch nie den blauen Himmel gesehen."

Der kleine Vogel sank immer mehr in sich zusammen. Es war ihm unbegreiflich, wie Menschen etwas machen konnten, das so schädlich für die Welt war, auf der sie lebten. „Ein blauer Himmel und frische Luft sind doch unverzichtbar", war alles, was Fynn aus lauter Verzweiflung dazu sagen konnte. Liam lächelte. Der Kleine tat ihm leid. Fynn war noch so jung, voller Hoffnung und Lebensfreude.
„Du hast vollkommen Recht, mein Kleiner. Aber das Drama geht ja noch weiter. Nicht nur, dass die Luft als solche verschmutzt wird, die Giftstoffe werden durch den Wind

verteilt und über die Wolken als Regen wieder an die Erde abgegeben. Das verursacht vielerorts großes Wald- und Wiesensterben, nimmt uns Tieren den Lebensraum und verändert das Klima auf der Erde ganz beachtlich."

Fynn saß da wie ein Häufchen Elend und blickte Liam aus großen traurigen Augen an.

„Ich will aber nicht, dass die Menschen unsere Luft und Umwelt so verschmutzen. Schließlich gehört sie ihnen nicht. Wir leben auch hier und wir brauchen frische, saubere Luft und ich will den Himmel sehen, wenn ich durch die Lüfte fliege."

„Ja, das will ich auch, kleiner Vogel! Wir können nur hoffen, dass die Menschen endlich begreifen, dass es dringend Zeit für eine Energiewende ist. Weg von nicht-erneuerbaren Energiequellen wie Öl, Gas, Kohle und Atom hin zu erneuerbarer Energie. Jeder Mensch muss begreifen, dass nichts selbstverständlich ist, dass jedes Handeln Konsequenzen hat.

Jeder einzelne muss Verantwortung für sich und sein Handeln übernehmen, bewusst."

Fynn nickte ihm zu. „Und wir dürfen die Hoffnung nicht aufgeben, dass die Menschen sich ändern werden", ergänzte Liam.

„Und wir, wir zwitschern, was das Zeug hält!!", antwortete der kleine Vogel lautstark.

Das kleine Schwein Nora und der Fleischkonsum

„Man lerne von der Natur, wie langsam vieles sich entfalte,
und wie spät das Edelste reife."
[August Hermann Niemeyer, dt. Theologe, Pädagoge u. Schriftsteller, *1754, †1828]

Die Sonne war bereits aufgegangen und zeigte sich von ihrer strahlendsten Seite. Nach und nach überzog sie die Weiden rund um den Biohof mit hellem Licht und Wärme. Es würde wieder ein herrlicher Tag werden. Die zotteligen Schweine, eine besondere Züchtung dieses Hofes, hatten bereits ihre ersten frühmorgendlichen Runden gedreht und entspannten nun im Schatten des kleinen Eichenwaldes. Das melodische Zwitschern der Vögel begleitete das sonore Grunzen der Schweine.

Das kleine Schwein Nora war gerade auf dem Weg ins Land der Träume, als es lautes Geschnatter vom Hof hörte. Waren das die Gänsefreunde? Das Geräusch klang jedoch anders. Also machte Nora sich auf und trabte zu ihrer Mutter Esther, die sich gerade über die saftigen Kräuter hermachte.

„Na, hast du gut geschlafen, meine Kleine?", wollte das große Schwein vom kleinen wissen.

„Wie denn, bei diesem Lärm?", grunzte Nora und Esther sah zum Hof hinüber.

„Ach so, das geht bald vorbei. Unser Bauer führt eine Schulklasse über den Hof. Das ist nicht weiter schlimm", erklärte Esther.

47

„Wieso macht er das? Haben die Kinder denn noch nie Schweine, Kühe oder Gänse gesehen?"

„Du wirst lachen, aber so falsch liegst du damit gar nicht. Unser Bauer lädt regelmäßig Schulklassen und Erwachsene auf den Hof ein, um ihnen zu zeigen, wie er seine Tiere hält."

„Warum zeigt er uns her? Das verstehe ich nicht." Nora sah abwechselnd zu Esther und zu der näherkommenden Gruppe.

„Die Art, wie wir hier leben, ist leider nicht alltäglich. Wir haben Auslauf, riesige Weiden, Schlammplätze, genügend Heu zum Schlafen, köstliches Futter und können das ganze Jahr über an der frischen Luft verbringen und herumtollen."

„Wo sollen wir denn sonst sein, wenn nicht hier?", fragte Nora verständnislos.

„Die meisten unserer Artgenossen leben eingepfercht in Ställen auf Holzrost ohne Stroh und ohne überhaupt einmal in der freien Natur gewesen zu sein."

„Wirklich?!" Nora war entsetzt. „Das ist doch gegen unsere Natur!"

„Richtig, meine Kleine. Die Schweine in der konventionellen Haltung, also in Massentierhaltung, leiden auch furchtbar. Wie du ja weißt, brauchen wir sehr viel Bewegung, Stroh zum Schlafen, gesundes Futter und Schlamm zum Suhlen. Unter diesen Voraussetzungen bleiben wir auch gesund. Was glaubst du, wie oft Tiere in Massentierhaltung erkranken? Ist das der Fall, wird nicht nur das erkrankte Tier mit Antibiotika behandelt, sondern vorbeugend auch die tausend Anderen. Diese Antibiotika, das sind sehr starke Arzneistoffe, bleiben im Fleisch, das die Menschen dann essen."

„Pfui Teufel! Das kann ja nicht gesund sein. Warum machen die Menschen das?"

„Naja, die Menschen wollen immer mehr Fleisch essen, gleichzeitig soll es aber billig sein. Damit beides möglich ist, werden die Tiere in Massentierhaltung gezüchtet."

Die Schulklasse näherte sich ihrer Weide, was die Schweine aufhorchen ließ. Die Kinder bestaunten die stattlichen Schweine mit ihrem braunen zotteligen Fell.

„Na los, ihr dürft sie ruhig streicheln", sagte der Bauer. „Schweine sind sehr kluge und neugierige Tiere, haben Mitgefühl und teilen Freud und Leid miteinander. Sie reagieren oft ähnlich wie Menschen, darum ist es so wichtig, sie entsprechend zu behandeln und vor allem artgerecht zu halten." Der Bauer sah in die gespannten Gesichter der Kinder.

„Das sind ja gar keine richtigen Schweine", rief ein Junge aus. „Schweine sind rosa!"

Der Bauer lächelte und erzählte: „Die meisten Schweine, die in Massentierhaltung leben, sind rosa. Sie werden in kürzester Zeit gemästet, unter unmenschlichen Bedingungen auf kleinstem Raum zusammengepfercht gehalten und bereits nach sechs Monaten geschlachtet. Unsere Schweine sind eine besondere Kreuzung. Sie sind robust, haben einen hohen Anteil an intramuskulärem Fett und besitzen sehr gute Muttereigenschaften. Außerdem leben sie hier auf dem Hof doppelt so lange".

Nora und Esther freuten sich über diese Worte und galoppierten davon.

„Kommt, Kinder, jetzt zeige ich euch noch das neue Weideschlachthaus, das wir erst vor kurzem fertiggestellt haben. Es soll als Vorbild dienen und ein neues Bewusstsein wecken. Denn auch wenn ein Tier ein glückliches Leben auf der Weide verbracht hat, muss es beim Schlachten unglaubliche Qualen erleiden. Die Arbeiter haben oft nicht genügend Zeit, die Tiere ausreichend zu betäuben, sodass viele bei vollem Bewusstsein geschlachtet werden. Auch die Zeit davor, der Transport und die Unruhe und Panik unter den Tieren, ist schrecklich." Der Bauer machte eine kurze Pause, denn die Kinder schauten erschrocken. Die Lehrerin aber bat ihn fortzufahren. Wenn nicht hier, wo sonst sollten sie den richtigen Umgang mit Tieren und in weiterer Folge mit Fleisch lernen?

„Bei uns am Hof kommen die zu schlachtenden Tiere einige Tage vor dem Schlachttermin auf die Weide, die direkt an das Schlachthaus grenzt. Hier verbringen sie die letzten Tage in Ruhe und Freiheit und mit ausreichend Leckereien. Ein Schwein nach dem anderen wird in die Einzelbucht gelockt und während des Fressens komplett stressfrei betäubt, ohne dass es die anderen Schweine merkt. Wie ich euch vorhin schon erzählt habe, sind Schweine sehr sensibel und fühlen das Leid der anderen."

Nachdem der Bauer alle Fragen der Kinder beantwortet hatte, nahm er sie mit in den Hofladen.

„Abschließend möchte ich euch noch etwas mit auf den Weg geben. Bedenkt immer, dass euer Fleisch auf dem Teller einmal ein Lebewesen war. Achtet darauf, wo ihr das Fleisch kauft und schaut auch, dass ihr nicht immer nur die Edelteile esst. Ein Schwein wird vom Kopf bis zum Schwanz verarbeitet und nach der Philosophie „from nose to tail" auch als Ganzes verwertet. Esst lieber weniger Fleisch, dafür nur solches, das aus artgerechter Haltung und von glücklichen Tieren stammt. Ihr werdet sehen, man schmeckt den Unterschied zwischen freilebenden, gesunden Tieren, die stressfrei gestorben sind, und billiger Massenware aus dem Supermarkt. Tut es für euch und tut es für die Tiere. So, jetzt verkostet den köstlichen Naturspeck von meinen Schweine hier am Biohof!"

Die Kinder applaudierten und bedankten sich für diesen lehrreichen Nachmittag, schnappten sich ein paar Stücke des aromatischen Naturspecks und liefen wieder hinaus auf die Weide, um noch etwas Zeit mit den Schweinen zu verbringen. Auch Nora und Esther genossen die liebevollen Streicheleinheiten der Kinder und erfreuten sich an ihren strahlenden Augen.

Der kleine Baum Florentin und der Regenwald

„Mit den ersten Bäumen, die gefällt werden, beginnt die Kultur.
Mit den letzten Bäumen, die gefällt werden, endet sie."
[Gustave Flaubert, französischer Dichter, *1821, †1880]

„Ich grüße dich, du wunderbarer Baum. Es ist eine Schande, dass wir uns immer erst sehen, wenn im wahrsten Sinne des Wortes Feuer am Dach ist", sprach der junge Mann, während er sich an den riesigen, bis weit in den Himmel ragenden Baum lehnte. „Wir haben es gerade noch rechtzeitig geschafft, dieses Gebiet vor der endgültigen Rodung zu bewahren. Jedoch weiß ich nicht, wie lange", stöhnte er, rutschte am Stamm des alten Baumes hinab und ließ sich bei seinen Wurzeln nieder. Dort verweilte er und genoss die Ruhe und Kraft, die der Baum ausstrahlte, lauschte den vielen unterschiedlichen Geräuschen des Regenwaldes, nahm seine Gerüche in sich auf, bewunderte die farbenfrohe Flora und Fauna und beobachtete die zahlreichen einzigartigen Tiere.

Er war wieder hier. Er kam immer wieder an diesen Platz zurück, zu diesem Baum, zu ihm, Silvio. Er wusste das und hatte schon Tage zuvor gespürt, dass dieser Mensch bald wieder hier sein würde. Um sich selbst zu helfen und um ihnen, den Bäumen im Regenwald, zu helfen. „Wieso sitzt dieser Mensch so lange hier an dich gelehnt?", wollte der kleine Baum Florentin von seinem großen Baumfreund Silvio wissen.

„Dieser Mensch setzt sich schon seit Jahren für uns ein. Als Gegenleistung und zur Unterstützung tankt er Kraft und holt sich Energie bei mir." Der kleine Baum dachte nach. „Wofür setzt er sich ein?", wollte Florentin wissen. „Er weiß um unsere Bedeutung für die Erde und die Menschen", erklärte der große Baum dem kleinen Baum.

„Na, dein kleiner Freund ist seit meinem letzten Besuch ganz beachtlich gewachsen", freute sich Pablo und strahlte beide Bäume an. „Ich bin mir sicher, dass er auch einmal so ein kräftiger, wunderschöner, großer Baum wird."

Florentin wuchs augenblicklich gefühlte zehn Meter in die Höhe. Silvio musste schmunzeln, gleichzeitig spürte der große Baum aber auch Pablos Erschöpfung und seine Traurigkeit.

„Und warum ist er jetzt wieder hier?", wollte der kleine Baum wissen. „Hat das etwas mit dem schrecklichen Feuer und der Hitze zu tun?" Silvio war schon immer klar gewesen, dass Florentin ein besonderer Baum war, so wunderte er sich auch nicht über dessen rasche Auffassungsgabe.

„Da hast du leider Recht, mein Kleiner. Pablo konnte einmal mehr verhindern, dass der Brand sich auf unseren Wald ausdehnt. Bisher kämpfte er für den Schutz des Regenwaldes, also gegen die Abholzung. Jetzt muss er sich auch noch gegen die Brandrodungen einsetzen", begann Silvio zu erklären. „Warum verbrennen die Menschen die Wälder? Das macht doch keinen Sinn", bohrte Florentin nach.

„Zuerst werden die Bäume gefällt, um Dinge daraus zu machen, die die Menschen benötigen. Das geht von Häusern, Schiffen, Möbel über Brennstoff bis hin zu Papier. Aber statt die Wälder nach der Abholzung wieder aufzubauen, werden die Flächen gerodet, um anschließend Viehweiden daraus zu machen."

„Welche Weiden? Unsere Freunde, die Wildkatzen, Paradiesvögel, Krokodile oder die lustigen Affen, brauchen ja keine Weiden, die brauchen doch uns Bäume und die Flüsse hier." Florentin war verwirrt.

„Ja, die Tiere hier brauchen uns Bäume, aber die Menschen wollen immer mehr Fleisch essen und daher brauchen sie mehr Vieh und das Vieh braucht Platz und Weideflächen. Dann kommt dazu, dass dieses Vieh noch zusätzliches Futter benötigt, das muss auch angebaut werden. Daher wird mehr und mehr Soja angepflanzt, das wiederum den Boden komplett auslaugt und unfruchtbar macht. So entsteht immer mehr Brachland und der Mensch benötigt wieder weitere freie Flächen. Das ist ein Teufelskreis."

„Und heißt das jetzt, der ganze Regenwald, also wir alle, müssen weg, weil die Menschen nicht vernünftig mit den vorhandenen Rohstoffen umzugehen wissen?"

„Naja, so ähnlich kann man das sagen. Außerdem wird immer mehr Fläche benötigt um Palmöl-Plantagen anzubauen. Dieses Öl wird für Kosmetika, Waschmittel, Süßigkeiten oder für Treibstoff verwendet."

„Wie ginge es für die Erde weiter, wenn alle Bäume weg wären? Leisten wir nicht einen erheblichen Beitrag für die ganze Erde?", echauffierte sich Florentin.

„Wir leisten sogar einen sehr großen Beitrag – wir bilden eine der wichtigsten Grundlagen für ein ausgeglichenes Leben auf unserem Planeten. Die Regenwälder regulieren das Klima, mildern extreme Hitze und Frost, produzieren Sauerstoff und reinigen Wasser und Luft. Am wichtigsten aber ist die Tatsache, dass wir fast die Hälfte des an Land gebundenen Kohlenstoffs speichern. Das heißt, wir Bäume nehmen das gefährliche Treibhausgas Kohlendioxid auf und speichern es. Dadurch wird die vom Menschen verursachte Erderwärmung gestoppt. Wird aber ein Wald gerodet, wird dieser Kohlenstoff wieder frei. Umgekehrt produzieren die Menschen immer mehr von diesem giftigen Treibhausgas und fällen immer mehr Bäume. Das ist doppelt fatal", schilderte Silvio die Situation.

„Und warum vernichten die Menschen uns dann?", unterbrach Florentin ihn.

„Das kann ich dir nicht sagen, weil ich es selbst nicht weiß. Ich glaube, sie denken einfach nicht an morgen. Sie handeln jetzt, ohne Rücksicht auf Verluste und die Zukunft. Wenn es keine Wälder mehr gibt, wird das Wetter verrücktspielen und die Menschen werden keine saubere Luft und keinen Sauerstoff mehr zum Atmen haben. Das heißt, sie töten mit uns Schritt für Schritt auch sich selbst."

„Und Pablo versucht uns zu helfen?", wollte Florentin wissen.

„Ja, er versucht den Menschen beizubringen, dass das Abholzen auf Dauer zu einer ungeheuren Gefahr für die ganze Erde wird. Alle zwei Sekunden verschwindet eine Regenwaldfläche so groß wie ein Fußballfeld. Das muss man sich einmal vorstellen: Regenwälder existieren seit Jahrmillionen. Den Menschen aber gelang es in den letzten Jahrhunderten einen Großteil dieser Wälder zu vernichten. Außerdem geht es ja um das gesamte Ökosystem Regenwald mit seinem großen Reichtum an Tier- und Pflanzenarten, die nach und nach verschwinden. Es gibt auch einige indigene Völker, die in den Wäldern und vor allem mit den Wäldern leben und sie auch zu schützen versuchen."

„Ja, die kenne ich, die haben eine ähnliche Aura wie Pablo. Sanft, ruhig und voller positiver Energie", freute sich Florentin. „Und warum sind nicht alle Menschen so wie Pablo?"

„Ich fürchte, dass viele Menschen nicht darüber nachdenken, wie und warum das Wetter so ist, wie es ist oder warum sich das Klima ändert. Sie nehmen es einfach hin. Es ist ihnen scheinbar gleichgültig", sinnierte Silvio.

Florentin machte das alles sehr traurig. Gleichzeitig aber auch wütend, denn er verstand nicht, warum die Menschen die Wälder vernichteten, wo sie doch ohne sie nicht leben konnten. Dass das auf Dauer der falsche Weg war, leuchtete schließlich sogar einem kleinen Baum wie ihm ein.

Doch Pablos Anwesenheit gab ihm Hoffnung, dass es noch viel mehr Menschen auf der Welt gab, die sich für den Schutz des Regenwaldes einsetzten.

Das kleine Küken Bruno und seine Brüder

„Ein einzelnes Tier zu retten, verändert nicht die Welt.
Doch die ganze Welt verändert sich für dieses eine Tier."
[Unbekannt]

Wie ein flauschiger gelber Teppich sah das Gewusel hunderter Hühnerbabys vor den Hühnerställen des Bauern aus. Ihre kleinen wippenden Köpfchen und ihr weiches glänzendes Fell strahlten mit der Sonne um die Wette. Die Schar frisch geschlüpfter Küken bedeckte große Teile der saftig grünen Wiese. Vincent, der große schwarz-weiß gemusterte Hahn, lag im Schatten des Unterholzes und döste vor sich hin. Schließlich war er täglich als Erster wach und brauchte tagsüber ein wenig Ruhe. Plötzlich holte ihn ein zartes Piepen aus seinen Träumen. Vor ihm stand ein kleiner gelber Flauschi und sah ihn aus großen dunklen Augen an. Vincent lächelte den Kleinen an. Er hatte das große Schlüpfen also wieder einmal verschlafen. „Hallo, mein Kleiner!", begrüßte der Hahn das Küken. „Mein Name ist Vincent, ich bin der Chef hier am Hof." Das kleine Küken sah ihn verwundet an und antwortete: „Ich bin Bruno, ich bin auch ein Hahn!" Vincent musste lachen. „Natürlich bist du auch ein Hahn und das ist gut so. Außer dir gibt es hier auf dem Hof noch zahlreiche weitere Hähne", erzählte der große Hahn dem kleinen Hahn. „Ist das denn so etwas Besonderes?", fragte Bruno nach.

„Ja, mein Kleiner, das ist durchaus etwas Besonderes, denn auf fast allen anderen Hühnerfarmen werden die kleinen Hähne gleich nach der Geburt aussortiert und lebendig in den Schredder geworfen." Bruno begann vor Schreck fürchterlich zu zittern. „Keine Angst, kleiner Hahn, dir ist ja nichts passiert." Bruno beruhigte sich ein kleines bisschen. „Warum macht man das mit den Küken? Das ist ja grauenvoll", wollte er wissen.

Vincent erklärte dem kleinen Hahn, dass die Menschen seit geraumer Zeit zwei Arten von Hühnern hielten. Sie züchteten die Legehybride, die mehr als 300 Eier im Jahr legten, und die Masthybride, die in nur fünf Wochen ihr Schlachtgewicht erreichten.

„Was sind denn Hybride, ich dachte, es geht um uns Hühner?" Bruno war sichtlich verwirrt. „Hybride ist eines dieser vielen komischen Wörter und kommt aus der Tierhaltung. Das heißt, die Menschen kreuzen verschiedene Hühnerrassen miteinander, um bestimmte Eigenschaften und Merkmale zu erzielen. So geht es bei den Bruthennen um ihre Legeleistung und bei den Masthühnern um das Brustwachstum."

„Was heißt Leistung? Wir sind doch Tiere und keine Zuchtmaschinen!" Bruno schüttelte verständnislos seinen kleinen Kopf.

„In den Augen der meisten Menschen aber schon. Und da sie nur diese beiden Typen von Hühnern benötigen, fallen wir Hähne in fast allen Betrieben bildlich durch den Rost. Wir legen weder Eier, noch setzen wir genug Fleisch an." Vincent legte eine Pause ein.

Dann streichelte er den kleinen Bruno, der völlig geknickt neben ihm hockte. „Aber wie du siehst, gibt es auch Ausnahmen bei den Menschen. Unser Bauer hat sich für die Zucht und Aufzucht der Zweinutzungshühner entschieden. Die weiblichen Hühner legen die Eier und die männlichen liefern das Fleisch, stressfrei und in angemessener Zeit und bei artgerechter Haltung. Das bringt dem Bauer zwar weniger Geld, aber ein gutes Gefühl."

Der kleine Hahn war sichtlich erleichtert und beschloss, noch ein bisschen bei seinem neuen Freund zu bleiben, denn in dessen Nähe fühlte er sich geborgen. Er musste später sowieso zu seinen Brüdern zurück. Vincent blieb als einziger Hahn bei den weiblichen Hühnern. Während Bruno mit seinen kleinen Füßchen die unterschiedlichsten Muster in den sandigen Boden zeichnete und über das eben Gehörte nachdachte, fiel ihm noch eine Frage ein. Beim Herumspazieren hatte er eine kleine Hühnerschar gesehen, die etwas abseits in einem Gehege gehalten wurde. Das war aber noch nicht das, was ihn beschäftigte. Er wusste ja nun, dass die weiblichen Hühner und die männlichen Hühner auf diesem Hof getrennt gehalten wurden und er wusste auch, warum.

„Vincent, ich habe da noch eine Frage. Was ist mit der Schar Hühner in dem Gehege passiert? Die haben ja kaum noch Federn am Leib!" Vincent seufzte, der Kleine war ein entzückender, wissbegieriger, junger Kerl. Hoffentlich würde er die traurigen Geschichten, die er heute schon gehört hatte und gleich noch hören würde, verkraften.

„Unser Bauer rettet immer wieder Hühner aus den verschiedensten Betrieben, die es mit der artgerechten Haltung nicht ganz so ernst nehmen. Diese armen Viecher hat der Bauer aus einer Legebatterie mit Käfighaltung geholt." Vincent hielt kurz inne, aber Brunos fragender Blick ließ ihn fortfahren.

„Es gibt vier verschiedene Arten, Legehennen zu halten. Die beste Haltungsform ist die Bio-Haltung, wie bei uns hier auf dem Hof. Wir können uns frei bewegen, bekommen nur Biofutter und die Anzahl der Gruppengröße ist auf 3.000 Hühner beschränkt. Bei der Freilandhaltung leben die Hühner in einem Stall und haben Auslauf ins Freie. Dann gibt es noch die Bodenhaltung. Dort haben die Hühner zwar genügend Platz in einem Gebäude und eigene Scharrplätze, aber sie können nicht ins Freie. Und die vierte und letzte Kategorie ist die Käfighaltung. Diese tierquälerische Haltung ist zwar seit einigen Jahren verboten, aber manche Menschen halten ihre Hühner immer noch unter den miserabelsten Bedingungen. An die sechs Hühner leben hier eingepfercht in einem Käfig, der nicht größer ist als ein Blatt Papier (Din A4). Wir hatten auch schon Hühner aus Masthuhnbetrieben hier. Die sahen genauso elend aus. Dort leben hunderte Tiere auf engstem Raum, bis zu 17 Hühner auf einem Quadratmeter. Du kannst dir vorstellen, wie es dort zugeht. Diese Tiere sehen kein Tageslicht, können sich nicht bewegen, nicht flattern, nicht scharren und erhalten unzählige Medikamente, weil sie aufgrund all dieser Umstände natürlich ständig krank werden. Es ist für mich unverständlich, wie Menschen derart zugerichtete, mit Medikamenten vollgepumpte Tiere essen wollen, nur weil sie ein paar Euro weniger kosten."

Bruno war fassungslos. „Wer macht denn bitte so etwas?" wollte er von dem großen weisen Hahn wissen.

„Tja, die Menschen. Und das Schlimmste daran ist, dass die Kennzeichnung auf den Eiern sogar anzeigt, aus welcher Haltung sie kommen. Trotzdem ist es scheinbar vielen Menschen egal, Hauptsache, der Preis stimmt. Und was glaubst du, welche Eier für Fertigprodukte und zum Teil in der Gastronomie verwendet werden? Bestimmt keine Bio-Eier, die man an der Zahl 0 auf dem Ei erkennt." Bruno dachte kurz nach und drehte einige Runden um seine eigene Achse. „Aber wir haben den Menschen doch nichts getan, dass sie so schlecht mit uns Tieren umgehen! Das kann ich nicht verstehen, und ich will es auch gar nicht." Vincent zog den kleinen Hahn zu sich und versuchte, ihn ein wenig zu trösten.

„Sieh mal, wir hier auf diesem Biohof haben unsagbar viel Glück und dafür müssen wir dankbar sein. Wir können nur hoffen, dass die Menschen durch Projekte wie das der Zweinutzungshühner ein wenig zum Umdenken animiert werden.

Schließlich ist die Qualität von Bioprodukten, die aus einer stressfreien und artgerechten Haltung heraus entstehen, um vieles besser." Bruno atmete etwas auf.

„Und du wirst sehen, in wenigen Wochen werden die verwahrlosten Hühner aus dem Mastbetrieb wieder ihr schönstes Federkleid tragen. Dafür sorgen die guten Bedingungen auf unserem Hof." Während die beiden Hähne ihren Gedanken nachhingen, machte sich ein freudestrahlender Bauer auf, seine glücklichen Hühner mit ihrem Mittagessen zu versorgen. Alles bio natürlich!

Der kleine Igel Enzo und die Lebensmittelverschwendung

„Wir gehen mit dieser Welt um, als hätten wir noch eine zweite im Kofferraum."
[Jane Fonda, US-Schauspielerin, *1937]

Enzo freute sich bereits seit Tagen auf seinen ersten Ausflug. Es war auch längst an der Zeit, war er doch bald einen Monat alt und seine Stacheln waren fest genug, um ihm den nötigen Schutz zu bieten. Heute Abend würde der große Igel Harvey den kleinen Igel bei seinem ersten Erkundungsausflug begleiten. Enzo mochte Harvey. Dieser hatte ihm in seinem kurzen Leben schon allerhand wichtiger Dinge beigebracht.

„Jetzt lauf doch nicht so schnell, Enzo. Lass dir Zeit, du musst die Umgebung nicht gleich heute erkunden. Nimm die Eindrücke lieber in Ruhe auf!" Harvey hatte Mühe, mit der kleinen neugierigen Spürnase Schritt zu halten, freute sich aber über dessen Lebendigkeit und den ausgeprägten Wissensdurst. „Ich will dir erklären, was es alles in der näheren Umgebung gibt." Harvey hat Recht, überlegte der kleine Igel und bremste sich ein. Mit einem Reiseleiter war es sicherlich noch interessanter für ihn.

„Hier endet der relativ sichere Bereich für uns Igel. Nun musst du aufpassen, hier lauern Gefahren."

„Welche Gefahren?", wollte Enzo wissen.

„Na, du siehst doch, dass wir uns jetzt aus dem Dickicht unseres kleinen Waldes heraus in besiedeltes Gebiet bewegen. Das heißt, dort können wir uns nicht so gut verstecken.

73

Es ist schwer rasch einen Unterschlupf zu finden. Hier beginnt der Lebensraum der Menschen mit Straßen, Autos, Häusern, Wohnblöcken und Geschäften", erklärte Harvey seinem kleinen Freund. „All diese Dinge, von denen ich dir in den letzten Tagen schon erzählt habe."

„Ich verstehe", antwortete Enzo und sah sich um. „Aber in den grünen Flächen vor und rund um die Häuser kann ich mich notfalls verkriechen?", fragte er.

„Ja, aber du musst auch hier sehr gut achtgeben, denn viele Menschen haben in ihren Häusern und Gärten Hunde und das kann für dich gefährlich werden."

Ganz schön hoch die Häuser, stellte Enzo fest, während er sich in Ruhe umschauen wollte. Von Ruhe konnte allerdings keine Rede sein. An den Trubel und den Lärm, den der Lebensraum der Menschen mit sich brachte, musste er sich erst gewöhnen.

Die beiden Igel machten sich gemächlich wieder auf den Weg, um die Siedlung ein wenig genauer zu erkunden, als sie plötzlich von einem lauten Geräusch aufgeschreckt wurden. Enzo folgte Harvey rasch unter einen Laubhaufen auf dem Gehsteig. Sie beobachteten, wie ein Mensch zwei riesige Säcke in die bereits übervolle braune Tonne vor dem Haus stopfte und wieder verschwand.

Kurze Zeit später kroch Enzo aus seinem Versteck, um die Tonne genauer betrachten zu können. Im gleichen Augenblick fielen zahlreiche Dinge aus dem offensichtlich schlecht verschlossenen Sack und landeten direkt vor seiner Nase. Ein Salatblatt verfing sich in seinen Stacheln.

„Hey Harvey, was ist denn da los? Sieh mal, das ist ja alles essbar! Warum landet das in der Tonne?", rief Enzo völlig aufgebracht. Harvey lief zu seinem kleinen Freund, begutachtete den Haufen und war ebenso entsetzt. Er sah sich um und schmunzelte.

„Du hast ja einen grünen Mantel an!" Harvey zupfte das Salatblatt weg und begann zu erzählen.

„Tja, mein Freund, das ist für dich oder für uns Tiere nicht so leicht zu verstehen. Die Menschen werfen rund ein Drittel der weltweit produzierten Lebensmittel weg."

„Was?!", rief Enzo entsetzt.

„Das sind 1,3 Mrd. Tonnen Lebensmittel pro Jahr. Das ist jetzt nur eine Zahl, die aber so groß ist, dass man sich gar nicht vorstellen kann, wie viel das in Wirklichkeit ist."

„Warum tun sie das? Sieh doch nur, vieles aus diesem Sack ist ja noch gut! Das verstehe ich nicht!"

„Mehr als die Hälfte des gesamten Lebensmittelabfalls wird in privaten Haushalten weggeworfen. Alleine ein Viertel von dem, was die Menschen an Lebensmittel kaufen, werfen sie weg. Weil sie zu viel eingekauft haben, das Meiste dann nicht verbrauchen, außerdem die Lebensmittel nicht richtig lagern und weil sie vieles schon bei Ablauf des Mindesthaltbarkeitsdatums wegwerfen."

„Was heißt Mindesthaltbarkeitsdatum?", fragte Enzo.

„Das Mindesthaltbarkeitsdatum ist eine festgelegte Garantie für ein Produkt. Das heißt, auf jedem verpackten Käse, auf jeder Flasche Milch oder auf jedem Glas Joghurt wird vom Hersteller ein Datum draufgeschrieben, wie lange man dieses Produkt mindestens essen kann. Viele Produkte halten aber viel länger, denn es handelt sich dabei ja um kein Verfallsdatum. Das wird leider von vielen Menschen falsch verstanden. Um sich zu vergewissern, ob ein Joghurt auch nach diesem Datum noch genießbar ist, kann man einfach daran riechen oder davon kosten."

Enzo machte große Augen. Er musste das erst einmal in seinem kleinen Kopf verarbeiten. Das war alles komplett neu und total unverständlich. Lebensmittel wegwerfen, ja, wo gab es denn sowas? Dass das gegen die Natur war, verstand sogar ein kleiner Igel.

„Aber das ist noch nicht alles. Etwa ein Drittel der weltweit erzeugten Lebensmittel schaffen es nicht bis in die Nähe eines Menschen, geschweige denn bis in den Magen."

Enzo verstand überhaupt nichts mehr, dennoch bat er Harvey weiterzuerzählen.

„Der Handel, also Supermärkte und Geschäfte, haben strenge Vorgaben, wie bestimmte Lebensmittel aussehen dürfen. Die Gurke darf nicht zu krumm sein, der Erdapfel nicht zu klein und so weiter."

Harvey erklärt weiter: „Kommt aber ein Gemüse etwas unförmig aus der Erde, wird es als mindere Qualität eingestuft und erzielt einen niedrigeren Preis. Oft ist es dann billiger, dieses zu entsorgen."

„Das glaube ich jetzt nicht! Die Menschen werfen Gemüse weg, weil es nicht schön genug ist?" Enzo war außer sich. „Ja, sind die denn komplett bescheuert?"

„Naja, da kann ich dir wirklich nicht widersprechen. Was den Umgang mit Lebensmitteln angeht, sind es leider viele Menschen. Sie vergessen einfach viel zu oft, ihr Hirn einzuschalten und nachzudenken. Außerdem wollen die Menschen immer alles und das zu jeder Zeit. Himbeeren, Paradeiser und Spargel das ganze Jahr über, obwohl diese nur im Sommer bei uns wachsen. Daher werden diese Nahrungsmittel aus den verschiedensten Ländern zu uns gebracht. Das ist doppelt schlecht für die Umwelt."

„Wir fressen ja auch nur das, was gerade wächst. Warum die Menschen nicht?"

„Das hat sich leider so entwickelt. Die Menschen sind verwöhnt, die Regale in den Supermärkten sind ständig und bis zum Ladenschluss prall gefüllt. Vieles davon wird dann weggeworfen, weil es am nächsten Tag keiner mehr kauft."

„Harvey, ich will das alles nicht. Das ist doch die reinste Verschwendung!"

„Ja, Enzo, da hast du vollkommen Recht. So wie die Menschen derzeit mit Lebensmitteln umgehen, ist schlicht und einfach respektlos."

Der kleine Eisbär Luca und die Arktis

„Man glaubt für gewöhnlich, es gebe keine Steigerungsform von tot.
Diese gibt's aber doch: ausgestorben."
[Martin Kessel, dt. Schriftsteller, *1901, †1990]

Lucas Magen knurrte laut. Erst da merkte er, dass er Hunger hatte. Offensichtlich hatte der kleine Eisbär auf seiner Erkundungstour schon wieder die Zeit vergessen. Er musste sich schleunigst auf den Rückweg machen. Luca war noch zu klein, um alleine auf Robbenjagd zu gehen. So begab sich der kleine Eisbär schnurstracks auf den Weg. Doch irgendetwas war komisch. Der Schnee war auf einmal viel rutschiger als sonst. Er blickte sich um und landete vor Schreck auf seinem Bauch. Luca war entsetzt. Seine Fußsohlen hinterließen schwarze Abdrücke auf dem weißen Schnee! Was war da los? Was war der Grund, dass er ständig ausrutschte? Luca wurde ängstlich und versuchte, so schnell wie möglich nach Hause zu kommen.

„Ja, Luca, wo warst du denn so lange und wie siehst du aus?", fragte ihn Carla, die große Eisbärin. „Sieh doch, was du für schwarze Tapser im Schnee hinterlässt!"

„Ich weiß auch nicht, ich war unten am Ufer und habe mit den Pfoten im Meer geplanscht, wie sonst auch", antwortete der kleine Eisbär verunsichert.

„Wo genau warst du, Luca?" Carlas Stimme klang plötzlich streng.

Ihr schwante, dass Luca an jener Stelle des Ufers gewesen war, wo die Strömung aus dem Norden öfter Unrat anschwemmte. Sie nahm eine der Pfoten des Kleinen und hielt sie vorsichtig an ihre Nase. Verdammt! Öl! Dieses schreckliche schwarze Gift, das die Strömung immer wieder in ihre Region spülte.

Luca sah Carlas besorgtes Gesicht. „Bist du jetzt böse, Mama?", fragte der kleine Eisbär ganz vorsichtig.

Carla sah ihren kleinen entzückenden Eisbär liebevoll an: „Nein, mein Kleiner. Ich bin nicht böse, nicht auf dich. Jetzt iss erst einmal etwas und dann zeigst du mir die Stelle, wo du dir die schwarzen Tatzen geholt hast."

Kurze Zeit später machten sich der kleine und der große Eisbär erneut auf Erkundungstour. Sie mussten nicht allzu weit laufen, denn Carla konnte die schwarzen Flecken im Meer von weitem sehen. Der Gestank quälte ihre empfindlichen Nasen. Mama Carla wusste, dass die Strömung diese Schande erst gegen Mittag in ihre Region gespült hatte, daher war es Luca am Morgen nicht gleich aufgefallen.

„Was ist das denn Ekelhaftes?" schrie der kleine Eisbär. „Das Wasser ist ja ganz schwarz. Und es stinkt fürchterlich!"

Carla war selbst etwas erschrocken, wie viel Öl sich im Meer befand. Wahrscheinlich war wieder irgendwo eine Leitung leck oder ein Tanker ausgelaufen. Wut und

Fassungslosigkeit stiegen in ihr hoch.

„Mama, sag schon! Was ist da los?" Der kleine Eisbär stupste den großen ungeduldig an.

„Ich weiß gar nicht, wo ich anfangen soll. Es ist so, dass sich das Klima hier bei uns nach und nach ändert. Es ist nicht mehr so eisig kalt und das Eis schmilzt immer mehr. Das macht sich zwar nicht innerhalb von Tagen bemerkbar, aber für alle Arktisbewohner ist es durchaus schon spürbar. Immerhin ist die Meereisdecke in der Arktis in den vergangenen drei Jahrzehnten um mehr als die Hälfte geschrumpft." Carla machte eine Pause und beobachtete den kleinen Eisbären. Dieser nickte nur zaghaft.

„Das Verschwinden des Eises macht es den Menschen leichter, in die Arktis vorzudringen und nach den für sie so wichtigen Rohstoffen wie Öl und Gas zu bohren. Vom Fischfang gar nicht zu reden."

„Und warum schmilzt das Eis eigentlich?"

„Das ist eine Folge des Klimawandels. Die Menschen begehen stetig Raubbau an der Natur, indem sie den Regenwald roden, immer mehr Abgase in die Erdatmosphäre blasen, die Industrie ausbauen, immer mehr Grünflächen verbauen und noch vieles mehr. Sie leben nicht im Einklang mit der Natur, sondern versuchen, sich die Natur untertan zu machen. Das ist aber nicht gut, wie man an den Folgen deutlich erkennen kann."

Luca sah Carla sprachlos an, worauf sie weiter erklärte: „Die Eisflächen hier in der Arktis reflektieren einen Großteil der Sonnenenergie ins Weltall. Das sorgt dafür, dass sich die Erdatmosphäre nicht aufheizt und sorgt dabei gleichzeitig für stabile Wetterverhältnisse auf der ganzen Welt. Verschwindet das Eis, erwärmt sich die Erdatmosphäre, was das Eis wiederum zum Schmelzen bringt…"

„Und woher kommt jetzt das Öl?"

„Die Menschen dringen mit riesigen Tankerschiffen in die Arktis vor und bohren hier nach Öl. Öl wird für Straßenverkehr, Transportwesen, Kunststoffe, Pharmazeutika und vieles andere verwendet. Es ist einfach nicht mehr wegzudenken.* Das Risiko solcher Ölbohrungen ist immens. Jedes Jahr gelangen bis zu 500.000 Tonnen Öl über die Flüsse in die arktischen Gewässer. Das ist das, was du da vor dir siehst. Entweder durch rostige Rohre, durch Lecks in Tankern oder durch Explosionen von Bohr-plattformen."

„Gibt es denn sonst nirgends Öl, dass die Menschen unser weißes Paradies kaputt machen müssen?", wollte der kleine Eisbär wissen.

„Doch, aber die Arktis ist mehr oder weniger Neuland für die Menschen. Schmilzt das Eis, kann leichter nach Öl gebohrt werden."

Luca hörte aufmerksam zu und konnte es nicht glauben, was er da hörte.

Carla setzte ihre Erklärung fort: „Durch das raue Klima hier sind diese Vorhaben aber schwieriger und die Folgen gravierender – man kann sogar von einer ökologischen Katastrophe sprechen. Ausgetretenes Öl unter den Bedingungen hier zu beseitigen, ist unmöglich. Das sieht man ja jetzt."

„Kann man da denn nichts dagegen unternehmen? Das ist doch eine ganz große Rücksichtslosigkeit, was da vor sich geht. Ich will nicht, dass unser weißes Paradies davonschmilzt oder im Öl versinkt!" Luca war außer sich und Carla versuchte, den Kleinen ein wenig zu beruhigen.

„Wissenschafter haben festgestellt, dass es Hoffnung gibt, wenn die globale Erwärmung auf zwei Grad Celsius begrenzt werden könnte. Passiert dies, dann wird es vermutlich keine eisfreien Sommer in der Arktis geben. So würden die Öl-Multis von hier wieder verschwinden."

„Und wie können wir das machen?", unterbrach Luca seine Eisbärenmutter voller Tatendrang.

„Wir können das leider nicht, aber es gibt ganz tolle Organisationen, in denen sich die Menschen für uns einsetzen. Sie sind es, die sich in Klimaschutzkonferenzen für uns Tiere und die Umwelt stark machen. Sie sind es auch, die auf die Missstände aufmerksam machen und fordern, dass die Arktis so schnell wie möglich zum Schutzgebiet erklärt wird."

Luca atmete auf. „Das heißt, es ist also noch nicht alles verloren?"

„Nein, mein Kleiner. Solange es Menschen gibt, denen wir am Herzen liegen, haben wir und die Arktis noch eine Chance."

* Für jedes Plastiksackerl aus dem Supermarkt wird ca. 1 Liter Öl benötigt!

Der kleine Seestern Tiago und der Sandraub

„Was du sagst, verweht im Wind. Nur was du tust, schlägt Wurzeln.“
[Karl Heinrich Waggerl, österreichischer Schriftsteller, *1897, †1973]

Alles wirbelte durcheinander. Tiago wusste nicht, wie ihm geschah. Irgendetwas trieb hier gerade sein Unwesen. Aber was war das? Ein großer Fisch konnte keinen derartig großen Sandsturm im Meer anrichten. Ein Wal? Nein, dafür waren sie zu nahe an der Küste. Der kleine Seestern Tiago wusste, dass Wale nicht so weit Richtung Land schwammen. Warum ist das so, überlegte er angestrengt. Ah ja, wegen der Menschen! Das hatte ihm Vasco, der große Seestern, vor einiger Zeit erklärt. Tiago fiel ein, dass er auch ihm geraten hatte, nicht allzu weit an die Küste zu schwimmen. Aber Tiago hatte bereits einige Tage das rege Treiben unter Wasser beobachtet und nun wollte er herausfinden, was da geschah. Er musste es also wagen. Und so ganz nebenbei machte ihm dieses Herumgewirbel richtig Spaß. Als er nach einem erneuten Salto wieder Richtung Boden sank, blieb er an einem glatten runden Etwas kleben. Das Meer war noch zu unruhig und der Sand trübte seine Sicht, um Genaueres zu erkennen. Tiago hielt sich einfach fest und wartete ab. Schließlich befand er sich noch in seinem Meer, so schlimm würde es schon nicht kommen. Das glatte runde Etwas näherte sich immer weiter dem Meeresboden. Je weiter es sank, desto klarer wurde die Sicht.

Tiago sah, dass er sich ganz nah an der Küste befand und dass dieses runde Ding von jemandem gezogen wurde, der an einer Schnur hing.

Der kleine Seestern versuchte sich zu erinnern, wie Vasco ihm die Menschen beschrieben hatte. Er hatte den Verdacht, dass dieser schlaksige Riese an der Schnur ein Mensch war, denn er passte nicht in sein Meer. Tiago sah sich dieses Wesen ganz genau an. Er erkannte einen Kopf, zwei Arme und zwei Beine in einem hellen Braun. In der Mitte des Körpers sah er viele verschiedene Farben, fast so schön, wie einige der Fische hier. Er wusste, dass er soeben einen echten Menschen erblickt hatte. Was war das Bunte noch schnell, das die Menschen trugen, wenn sie ins Wasser gingen? Ein Badezug oder Schwimmanhosen oder so ähnlich. Egal. Jetzt musste Tiago erst einmal herausfinden, was dieser Mensch unter Wasser an der Leine mit dem runden Teil, an dem er klebte, anstellte. Nachdem der Mensch sich an der Schnur entlang der Küste abgeseilt hatte, füllte er den Kübel mit Sand und tauchte wieder auf.

„He, Jerry, sieh mal, was sich an deinem Kübel festgemacht hat! Ein Seestern! Ist ja cool! So einer fehlt mir noch in meiner Sammlung", schrie dem Unterwassermenschen ein ähnliches Wesen zu, das auf einem riesigen Ding saß, auf dem bereits haufenweise Sand lag. Plötzlich überschlugen sich die Ereignisse. Als Tiago realisierte, dass der eine Typ nur ihn meinen konnte, wurde er starr vor Angst. Doch ehe er über eine Fluchtmöglichkeit nachdenken konnte, spürte er einen unsanften Stoß.

Schon flog er in hohem Bogen wieder Richtung Meer. „Jerry, was soll das, ich wo …" Mehr konnte der kleine Seestern nicht mehr hören. Wollte er auch nicht.

Während der kleine Seestern wieder auf den Meeresgrund sank, hörte er sein Herz wie wild klopfen. Nach und nach wurde ihm bewusst, dass er gerade knapp dem Schicksal entkommen war, als vertrocknetes Ausstellungsstück in einer Vitrine zu enden.

„Tiago, wo warst du so lange? Ich habe dich schon überall gesucht und mir Sorgen gemacht." Der kleine Seestern war direkt neben Vasco gelandet. Er hatte seinen großen Freund gar nicht bemerkt, so aufgeregt war er nach seinem Abenteuer.

„Ich, ich war…", weiter kam der Kleine nicht. „Beruhige dich, Tiago, ich weiß, wo du gewesen bist. Und du weißt, dass du das nicht machen sollst. Aber es bedarf nun keiner langen Rede von mir, ich glaube, du hast deine Lektion gelernt."

„Ja, Vasco, das habe ich. Aber was machen die Menschen mit unserem Sand?", wollte der kleine vom großen Seestern wissen.

„Das ist schwer zu erklären und sehr schwierig zu verstehen. Sand ist ein äußerst begehrter Rohstoff für die Menschen, denn ihre Zivilisation ist auf Sand gebaut. Sand ist der wichtigste Bestandteil von Beton und Stahlbeton. Und der enorme Bauboom der Menschen erfordert immer mehr Sand", begann Vasco zu erklären.

„Warum nehmen die Menschen dann nicht ihren eigenen Sand an Land, sondern unseren Sand aus dem Meer?", fragte Tiago verwundert.

94

„Da gibt es eine ganz einfache Erklärung. Wüstensand eignet sich nicht für Beton, denn seine Körner sind vom Wind rund geschliffen und haften deshalb nicht aneinander. Da Sand aber nicht nur für Gebäude und Straßen verwendet wird, sondern auch für die Herstellung von Computern, Kreditkarten, Geldautomaten, Verkehrsmittel, Glas, Lebensmittel, Kosmetika, Solarzellen, Kommunikationstechnologie, Chips und Mikroprozessoren werden jährlich etwa 15 Milliarden Tonnen davon abgebaut."

Tiago dachte nach. „Aber wir brauchen den Sand doch auch."

„Natürlich, aber leider sind wir da in der schlechteren Position. Der Mensch stellt sich immer an die erste Stelle vor den Tieren und vor der Umwelt. Das ist nicht nur hier der Fall."

Tiago überlegte erneut.

„Aber mir hat heute ein Mensch das Leben gerettet, denn er hat mich von seinem Kübel weg wieder ins Meer geworfen. Warum ist der einerseits so nett zu mir und nimmt uns aber auf der anderen Seite wieder den Sand weg?"

„Viele Menschen sind teilweise so arm, dass sie, um Geld zu verdienen, auch Arbeiten annehmen, die sie ohne diese furchtbare Armut vielleicht gar nicht machen würden. Wahrscheinlich war dein Retter einer dieser armen Menschen. Aber ansonsten wird der Sandraub von ganz wenigen, dafür aber sehr reichen Menschen organisiert. Länder wie Dubai, die zwar von Sand umgeben sind, müssen trotzdem für ihren wahnwitzigen

Bauboom und für ihre künstlich angelegten Inseln Sand aus anderen Küstengebieten importieren. Und das geschieht oft auch illegal. Dort, wo sie den Ländern den Sand wegnehmen, verschwinden schon mal ganze Küstenlandstriche. Denn durch die veränderten Küsten ändern sich auch die Wellen und die spülen dann noch weiter Sand weg."

„Das ist doch absurd. Das heißt, die Menschen klauen dort Sand, wo es Inseln und Küsten gibt, um dort, wo es von Natur aus keine gibt, welche hinzubauen." Tiago verstand die Welt nicht mehr. Was mache das für einen Sinn, wollte er wissen. „Kleiner, das macht überhaupt keinen Sinn. Außerdem sind durch den Sandabbau am Meeresboden auch wir Tiere und alle hier lebenden Organismen betroffen. Unsere Nahrungskette wird unterbrochen und der Lebensraum zerstört."

„Wie kann man das verhindern?" fragte Tiago.

Der große Seestern sah den kleinen Seestern liebevoll an. „Wir können nur hoffen, dass die Menschen irgendwann von alleine zur Einsicht kommen, dass Handeln gegen die Natur auch für sie selbst auf lange Sicht verheerend ist. Der Mensch muss begreifen, dass er mit der Umwelt in Einklang leben muss, denn jeder Eingriff gegen bestehende und funktionierende Ökosysteme zieht fatale Folgen nach sich. Diese Folgen sind im Falle des Sandraubes bereits deutlich erkennbar."

Der kleine Hund Anton und die Welpenhändler

Anton spitzte seine kleinen Hundeohren. Er hatte ein Geräusch gehört. Erschöpft war er eingenickt, denn für sein kurzes Hundeleben hatte er schon einiges durchgemacht. Nun spürte er, dass ihn jemand ganz behutsam streichelte. Vorsichtig hob er seine Lider und sah in die strahlenden Augen eines kleinen Mädchens.

„Mami, Papi, er ist so wunderschön. Ich werde ihn bestimmt ganz doll lieb haben", rief das kleine Mädchen, während Anton sich in ihre Arme schmiegte.

„Ja, Lilly. Aber du musst ganz achtsam mit ihm umgehen", erklärte ihr Vater.

„Er heißt Anton, ist das nicht entzückend?", rief ihre Mutter dazwischen. „Wir haben ihn aus dem Tierheim geholt. Er soll bei uns ein gutes Zuhause finden."

„Anton war gemeinsam mit anderen Hundebabys aus den Fängen von illegalen Welpenhändlern gerettet worden. Sie sollten teuer verkauft werden. Die Polizei schnappte die Händler und brachte die armen Tiere ins Tierheim", erzählte der Vater.

„Bei mir ist er in Sicherheit. Ich werde auf ihn aufpassen wie auf einen kleinen Schatz. Nicht wahr, Anton?" Lilly gab ihrem kleinen Schatz einen dicken Schmatz.

„So, aber jetzt lass ihn ein wenig sein neues Zuhause erkunden. Er soll sich etwas erholen", entschied Lillys Mutter.

Anton tapste langsam durch das große Wohnzimmer. Er war ganz fasziniert von den vielen unbekannten, aber interessanten Gerüchen in seiner neuen Umgebung.

„Hallo, kleiner Freund! Na, wie gefällt es dir hier?" Der kleine Hund blieb erschrocken stehen. Vor dem Kamin lag entspannt ein großer zotteliger Artgenosse.

„Wer bist du denn?", fragte Anton.

„Ich bin Bartolo. Ich lebe schon seit einigen Jahren hier. Mein Menschenfreund ist der Sohn der Familie. Sein Name ist Laurin. Wir haben schon viele aufregende Abenteuer erlebt. Aber mittlerweile ist das Leben etwas ruhiger geworden. Das wird sich nun mir dir, kleiner Freund, wieder ändern", meinte Bartolo und stupste Anton zärtlich mit der Schnauze an.

„Wie sind diese Menschen denn so?", erkundigte sich Anton, „Ich habe nämlich schon die unterschiedlichsten Erfahrungen mit ihnen gemacht. Gute wie schlechte."

100

„Du kannst ganz beruhigt sein, Anton, wir haben Glück. Sie sind eine sehr tierliebende und lustige Familie. Dich haben sie aus dem Tierheim geholt. Ich habe gehört, dass du aus den Händen von Welpenhändlern gerettet wurdest."

„Was heißt Welpenhändler?", wollte Anton wissen, nachdem er dieses Wort nun bereits zweimal gehört hatte und nicht wusste, was es bedeutete.

„Welpenhändler sind Menschen, die mit Welpen, also Hundebabys, illegale Geschäfte machen", versuchte Bartolo seinem neuen Freund zu erklären.

„Das heißt, sie züchten Hundebabys im Akkord und trennen die Babys danach viel zu früh von ihren Müttern. Sie transportieren sie unter schlimmsten Bedingungen über weite Strecken, meist ohne ausreichend Wasser und Futter, um sie dann mit gefälschten Impfpässen ohne medizinische Grundversorgung an gutgläubige Menschen zu verkaufen. So wie es bei dir war. Nur dass die Polizei die Welpenhändler vorher gefasst hat und du und deine Geschwister ins Tierheim gekommen seid, wo ihr entsprechend aufgepäppelt wurdet." Anton dachte eine Weile über Bartolos Worte nach. Genau so hatte er es erlebt, grauenvoll für ihn und die anderen Hundebabys. Sie hatten ganz schrecklich unter der Trennung von der Mutter gelitten. Die Strapazen während des Transports hatten die Welpen außerdem völlig geschwächt. Im Tierheim hatten sie die meiste Zeit vor Erschöpfung geschlafen.

„Aber jetzt brauchst du dir keine Sorgen mehr zu machen. Hier bei uns wird es dir gutgehen. Sieh mich an, ich bin das beste Beispiel dafür", munterte Bartolo seinen kleinen Freund auf.

Anton wollte nun Bartolos Lebensgeschichte hören. Bartolo erzählte ihm, dass er in einer Streunerfamilie zur Welt gekommen sei. Sie waren ein riesiges Rudel Hunde und führten ein wildes Leben voller Abenteuer, bis es irgendwann zu viele Hunde auf den Straßen gab. Die Menschen begannen die Streuner einzufangen und zu töten.
Anton sah Bartolo erschrocken an. „Warum töten?", wollte er wissen.
„Damit wir von den Straßen verschwinden. Wo ich herkomme, hatten die Menschen weder Interesse noch Geld, um uns in Tierheimen zu versorgen", erklärte Bartolo.
„Und wie hast du überlebt?", hakte Anton nach.
„Ich hatte genauso Glück wie du. Ich wurde von Tierschützern aufgelesen. Diese sind in den verschiedensten Ländern unterwegs, um sich um die Streuner zu kümmern. Die Hunde werden in einer Tierklinik kastriert und versorgt", erklärte Bartolo.
„Das finde ich sehr anständig", antwortete Anton. „Wie bist du dann aber hierhergekommen?", wollte er wissen.
„Später hat mich Laurin mit seinen Eltern aus dieser Tierklinik zu sich geholt."

Anton schaute Bartolo in seine gütigen Augen und bewunderte ihn. Auch er hatte Schlimmes durchgemacht.

„Wenn ich mir das so überlege, ist das Leben eines Hundes vom Glück und von den Menschen abhängig" philosophierte Anton.

„Für dein Alter bist du schon ganz schön weise, kleiner Freund. Und du hast Recht. Der Spruch, der Hund sei der beste Freund des Menschen. stimmt zwar, aber umgekehrt ist es nicht immer so. Grundsätzlich sind die Menschen mit Vorsicht zu genießen. Es gibt leider sehr viele, die sehr böse zu den Tieren sind. Warum kann ich dir leider nicht sagen. Aber einen Rat gebe ich dir: Lass dir genügend Zeit, bis du einem Menschen vertraust!"

Anton dankte seinem Freund. Er war froh, dass er bei der neuen Familie ein sicheres und schönes Zuhause gefunden hatte. Er rollte sich neben Bartolo ein und beschloss erstmal ein Nickerchen zu machen. Bartolo tat es ihm gleich und kaum waren beide eingeschlafen, träumten sie von ihrem ersten gemeinsamen Ausflug.

Das kleine Schaf Lucille und die Landwirtschaft

„Was der Bauer nicht kennt, das frisst er nicht. Würde der Städter kennen, was er frisst, er würde umgehend Bauer werden."
[Oliver Hassencamp, dt. Kabarettist und Schauspieler, *1921, †1988]

Lucille naschte genüsslich das saftig grüne Gras unter einem der großen knorrigen Apfelbäume und lauschte dem fröhlichen Vogelgezwitscher. Es war idyllisch. Auch die anderen Schafe der Herde genossen den Schatten der Bäume und die vielen feinen Kräuter auf der Wiese. Plötzlich hörte sie neben sich einen dumpfen Aufprall. Sie schaute sich um, konnte aber nichts erkennen. Plopp machte es erneut. Das kleine Schaf schlug verunsichert mit den Hinterbeinen aus und blökte.

„Lucille, was ist denn los mit dir?", rief Claire, das große Schaf, während es zu ihr trabte. Plopp machte es wieder und auch dieses Mal sprang Lucille verschreckt auf die Seite und Claire lachte auf.

„Apfelernte!", rief sie aus.

„Was heißt Apfelernte?", fragte das kleine Schaf.

„Das heißt, die Äpfel auf den Bäumen auf unserer Streuobstwiese sind reif und beginnen von den Ästen zu fallen. Schau dich um!"

Lucille tat wie befohlen und siehe da, rund um die alten Bäume lagen bereits vereinzelt wunderschöne dunkelrote Äpfel.

„Wahrscheinlich werden wir morgen bereits in einen anderen Teil des Obstgartens übersiedeln, damit der Bauer ernten kann", erklärte Claire. „Die frühen Birnensorten sind bereits gepflückt. Ich nehme an, wir werden unsere Pflegearbeiten dort fortsetzen."

„Wie arbeiten? Ich bin doch noch viel zu klein, um zu arbeiten", blökte Lucille und nahm ein Büschel Gras ins Maul.

„Du bist lustig!", rief Claire. „Da siehst du, wie gut es uns geht. Wir machen für den Bauern die Mäharbeit und du merkst es gar nicht. Bereits dein kurzes Leben lang."

Das kleine Schaf sah verdutzt aus seinem Wollkleid. Sie leisteten hier also wertvolle Dienste, während sie sich den Bauch vollschlugen. Auch nicht schlecht, dachte es.

„Und was passiert dann mit dem vielen Obst?", wollte Lucille wissen.

„Die Hälfte der Apfelernte verarbeitet unser Bauer zu Saft und verkauft diesen an seine Kunden. Mit der anderen Hälfte der Ernte beliefert er Privatkunden, Einkaufsgemein-schaften und einen Zusteller von biologischen Obst- und Gemüsekisten. Den Rest verkauft er hier in seinem Hofladen", erklärte Claire ihrer Freundin.

Das kleine Schaf dachte nach. Sie mähten dem Bauern die Wiesen, die Bäume brachten ihm das Obst und er erntete und verkaufte es. Das klang ganz vernünftig.

Aber wie war das jetzt mit den Kisten?

„Hierbei handelt es sich um eine Bauerngemeinschaft, die die unterschiedlichsten Produkte erzeugt und gemeinsam in einer Kiste an Haushalte liefert. So haben die Menschen einmal in der Woche die besten und frischesten Produkte der heimischen Bauern direkt vor der Haustür. Immer das, was gerade Saison hat."

„Das ist toll!", rief Lucille. „Sie haben also so ähnlich wie wir das Futter direkt vor der Nase."

„Ja, so kann man das sagen. Manche kaufen die Äpfel auch hier am Hof ein. Du wirst sehen, nach der Ernte wird es hier am Bauernhof rund gehen. Und erst beim Hoffest! Es ist immer lustig zu beobachten, wenn die Menschen hier feiern."

Früher hatte der Bauer die Äpfel auch an einige Supermärkte verkauft. Dabei kamen diese erst zu einer Zwischenhandelsfirma, die die Ware kontrollierte. Die Vorgaben, wie die Äpfel aussehen mussten, wurden aber immer mehr verschärft. War der Apfel optisch nicht perfekt und befand sich auch nur ein einziger Punkt darauf, wurde dieser aussortiert und wieder zurückgeschickt. Es kamen laufend Ladungen voller reifer und köstlicher Äpfel zurück, die zwar geschmacklich hervorragend waren, aber leider optisch nicht gefielen. Um das zu korrigieren, hätte der Bauer seine Äpfel mit Pflanzenschutzmittel spritzen müssen, aber das wollte er nicht.

Denn gerade das machte seine Äpfel so besonders, dass sie eben ohne dieses ganze Gift wuchsen. Aus diesem Grund hatte sich unser Bauer auch auf besonders alte und robuste Sorten spezialisiert.

Lucille stand immer noch grasend neben Claire und lauschte gespannt den Schilderungen. Das kleine Schaf wusste zwar noch nicht besonders viel. Aber ihm war klar, dass es völlig unsinnig war, Äpfel nur aufgrund ihrer Schönheit zu beurteilen. Schmecken sollten sie, das war doch die Hauptsache. Und es verstand auch, dass der Bauer bei diesem Stumpfsinn nicht mitmachen wollte.

„Und andere Bauern spielen dieses komische Spiel mit?", wollte Lucille nun wissen.

„Ja, oftmals aber nicht freiwillig. Das kommt ganz darauf an, worauf der Bauer sich spezialisiert hat und wie seine persönliche Einstellung zur Umwelt ist."

„Unser Bauer versucht, so unabhängig wie möglich von Industrie und Lebensmittelkonzernen zu sein. Er erzeugt seinen eigenen Kompost, um so den Boden besser aufzubereiten. Das macht ihn gesünder und ertragreicher. Daher benötigt er keine zusätzlichen chemischen Düngemittel. Seine Aufmerksamkeit gilt auch dem Saatgut. Bis heute hat die Menschheit 5.000 Kulturpflanzen gezüchtet, von denen jede einzelne oft Hunderte bis Tausende unterschiedliche Sorten umfasst. Diese Pflanzen haben sich an die Standorte und an das Klima angepasst – das nennt man Evolutionsprozess. Darum ist es wichtig, nur diese samenfesten, reinerbigen Sorten anzubauen, denn diese lassen sich Jahr für Jahr weiterzüchten." Claire machte eine Pause, um zu sehen, ob Lucille ihr noch folgen konnte. Das kleine Schaf hatte vor lauter Spannung aufgehört zu grasen und bat sie weiterzuerzählen.

„Die großen Konzerne wiederum züchten eigenes genetisch verändertes Saatgut, sogenannte Hybride. Diese dienen zur Ertragssteigerung, können sich aber nicht mehr reinerbig fortsetzen, wodurch die Entwicklung unterbrochen wird und der Bauer jedes Jahr neues Saatgut kaufen muss. Da diese Pflanzen für Krankheiten anfälliger sind, brauchen die Bauern auch mehr Spritzmittel, die ihnen natürlich die gleichen Konzerne verkaufen. Das ist ein Teufelskreis, nur damit einige wenige auf Kosten der Bauern und der Umwelt viel Geld verdienen", beendete Claire ihre Schilderungen.

„Und unser Bauer tut etwas dagegen, das ist großartig. Was kann man noch dagegen unternehmen?"

„Die wichtigsten in diesem System sind die Konsumenten. Jeder einzelne kann etwas tun, indem er sich informiert, woher die Lebensmittel kommen, die er kauft. Die beste und sicherste Art ist, direkt beim Produzenten seines Vertrauens einzukaufen. Dort weiß man schließlich ganz genau, woher das Produkt stammt, kann sich selbst vor Ort von der Arbeitsweise überzeugen und baut eine persönliche Bindung auf.

Belohnt wird man dafür mit stets frischen Nahrungsmitteln, die nicht nur gut schmecken, sondern auch ein gutes Gewissen bereiten. Gleichzeitig verhindert man weite Transportwege, unterstützt keine Zwischenhändler und Großkonzerne und fällt nicht auf mögliche Etikettenschwindel herein. Denn Bio ist nicht immer gleich Bio!"

Der kleine Hirsch Franz und die Jagd

„Kein Mensch würde auch nur auf die Hasenjagd gehen,
müsste er das Wild mit Zähnen und Fingernägeln töten."
[Konrad Lorenz, Verhaltensforscher, *1903, †1989]

Der kleine Hirsch Franz fuhr erschrocken hoch. Was war das für ein ohrenbetäubender Lärm? Er sah sich um, konnte jedoch nichts und niemanden erkennen. Diese vielen lauten Kracher verbunden mit hysterischem Hundegebell jagten ihm Angst ein. Wo war nur sein Freund Viktor, der große Hirsch? Dieser könnte ihm sicher sagen, was hier vor sich ging. Gerade als Franz sich auf die Suche nach ihm machen wollte, kam Viktor angetrabt. Der große Hirsch war der Platzhirsch und Chef ihrer Herde. Franz mochte ihn sehr, denn er war ein sehr herzlicher und weiser Freund, mit dem er gerne durch die Wälder zog und den Erzählungen seiner zahlreichen Abenteuer lauschte. „Ah, da bist du ja, mein Kleiner! Ich hoffe, du hast dich nicht zu sehr erschreckt?", rief Viktor schon von weitem.

„Was glaubst du denn? Natürlich bin ich erschrocken. Was geht hier vor?" Franz war außer sich. Erst jetzt sah Viktor, dass der kleine Hirsch am ganzen Leib zitterte.

„Hab keine Angst, mein Kleiner! Im Nachbarrevier sind die Jäger unterwegs, doch …"

„Was heißt keine Angst und Jäger! Ich wusste zwar nicht, dass dieser Lärm von den Jägern kommt, aber dass diese für uns gefährlich sind, das weiß sogar ich",

unterbrach Franz den großen Hirsch. „Ja, da hast du Recht. Uns kann aber nichts passieren, denn wir versammeln uns während einer Jagd immer im Holzstall unseres Försters. Komm mit!"

Der kleine folgte dem großen Hirsch in den Stall, wo der Förster gerade mit seiner Tochter die Futtertröge mit frischem Heu füllte. Eine extra Portion Futter zur Beruhigung, dachte sich Franz. Trotzdem nahm er sich vor, Viktor über das Geballer auszufragen. Der Förster brachte seine Herde eigens in einem Stall unter, damit die Jäger sie nicht finden und töten konnten. Warum wurden die Hirsche in dem anderen Revier gejagt und getötet?

Nachdem sich die Tiere beruhigt, ein wenig genascht und sich jeder sein Plätzchen gesucht hatte, begann Viktor auf die Fragen des kleinen Hirschen zu antworten: „Weißt du, das mit der Jagd ist nicht so einfach. Früher vor vielen, vielen Jahren haben die Menschen Tiere gejagt und erlegt, um etwas zu essen zu haben. Aber heute jagen die meisten Menschen aus Spaß am Töten."

Franz bekam ganz große Augen. „Was? Wie kann jemand Spaß am Töten haben? Sind die Menschen denn noch zu retten? Ich laufe ja auch nicht in die Stadt und beiße einen nach dem anderen zu Tode, weil mir gerade langweilig ist und ich das lustig finde!" Franz war außer sich. Viktor konnte den Kleinen gut verstehen, versuchte ihn dennoch zu beruhigen.

„Wir tun das nicht, aber die Menschen schon. Und außerdem hängen sie sich dann noch unsere Geweihe oder gleich die ganzen Köpfe in ihre Häuser, damit sie vor allen anderen damit angeben können, was sie schon alles geschossen haben."

„Pfui Teufel!" Franz schrie richtig vor Zorn. Gleichzeitig füllten sich seine kleinen dunklen Augen mit Tränen.

Die Försterstochter kam in den Stall und lenkte Franz von seinem Kummer ab. Sie half ihrem Vater die Herde zusammenzutreiben, wenn der benachbarte Revierleiter wieder zur Jagd lud.

„Du bist ja noch ein ganz ein Kleiner", sagte sie und gab Franz eine dicke Karotte. Der kleine Hirsch schmatze genüsslich und Viktor war froh, dass er sich etwas beruhigte.

„Aber bitte sag mir jetzt, warum es dort drüben im Wald so wild zugeht. Warum die Tiere im Nachbarwald keine so liebevolle und schützende Pflege erhalten wie wir", drängte Franz.

„Tja, wie ich dir schon gesagt habe, ist das Jagen in der heutigen Form nicht mehr notwendig und schon gar nicht tiergerecht. Denn die Jäger gehen nicht auf die Jagd, um den Wald vor dem Rotwild zu schützen und auch nicht um uns vor Überpopulation zu bewahren. Ohne Zufütterung durch die Menschen würde sich beides von selbst regulieren, wie man an unserer Herde und an unserem Wald erkennen kann", begann Viktor zu erklären.

„Aber warum machen die Menschen das dann?", unterbrach ihn Franz.

„Weil sie sonst keine Ausrede hätten, Tiere zu schießen. Viele gehen sogar so weit, dass sie die Tiere nur für die Jagd züchten. Dazu kommt, dass manche Jagdrevierbesitzer wegen des Geldes auch Sonntagsjäger, also unerfahrene Jäger, einladen. Die Tiere werden dann gleich im Gehege geschossen. In der freien Wildbahn besteht bei einem Fehlschuss die Gefahr, dass Tiere qualvoll verenden, bis einer der Jagdhunde sie findet." Viktor hielt kurz inne, denn er sah, wie sehr seine Schilderungen den kleinen Freund mitnahmen.

„Warum verbietet das niemand?", wollte dieser wissen. Viktor erkannte, dass Franz die Wahrheit erfahren wollte und hoffte, dass er diese auch ertragen konnte und so fuhr er fort: „Es gibt natürlich Gesetze, die uns Tiere vor Quälerei schützen sollen. Doch aus den meisten Tierschutzgesetzen, die natürlich von jagenden Politikern verabschiedet werden, ist die sogenannte weidegerechte Jagd ausgenommen. Das heißt, dass die Jäger selbst bestimmen dürfen, was legal, also weidegerecht ist und was nicht."

Der kleine Hirsch war entsetzt. „Das ist eine Unverschämtheit! Dazu haben sie kein Recht und vor allem können wir Tiere uns nicht wehren", ärgerte sich Franz.

„Wie du richtig gesagt hast, wir Tiere können uns nicht wehren. Aber nicht selten schießen unerfahrene Jäger auf an der Jagd beteiligte Menschen, weil sie das Wild verfehlen, sich geirrt oder zu viel Alkohol getrunken haben. Ist alles schon oft vorgekommen. Ausgleichende Gerechtigkeit?"

„Das geschieht ihnen recht!", rief Franz laut. „Ich will die anderen Tiere warnen, ihnen Bescheid geben, dass sie sich verstecken sollen!" Franz scharrte schon mit den Hufen.

Viktor musste sich ihm in den Weg stellen.

„Wir können die anderen Tiere nicht warnen. Das ist viel zu gefährlich. Außerdem gibt es so viele unterschiedliche Jagdmethoden. Sobald die Jäger unterwegs sind, ist es besser, ihnen nicht zu nahe zu kommen. Sie schießen auf alles, was sich bewegt. So kommt es auch oft genug vor, dass völlig harmlose Katzen und Hunde erschossen werden, die gerade zur falschen Zeit am falschen Ort sind."

Franz ließ seine Schultern hängen und schnaubte. Er musste sich damit zufrieden geben, dass er gewisse Dinge nun mal nicht ändern konnte. Viktor stupste seinen kleinen Freund vorsichtig mit der Nase an.

„Kopf hoch, kleiner Freund! Wir können die Menschen und ihre Angewohnheiten leider nicht ändern. Wir, unsere Herde, wir müssen für den Schutz durch den Förster und seine

Tochter dankbar sein. Es bleibt die Hoffnung, dass die Menschen nach und nach lernen, mit den Tieren und mit der Natur zu leben, statt diese zu jagen und zu bekämpfen." Franz lächelte seinen großen Freund an und die beiden trabten zur Futterstelle und ließen sich das frische Heu schmecken. Bei jedem Knall schreckten die Tiere auf und schmiegte sich noch ein klein wenig näher aneinander.

Die kleine Schildkröte Aurea und die Überfischung

„Sofern wir in die Natur eingreifen, haben wir strengstens auf die Wiederherstellung ihres Gleichgewichts zu achten."

[Heraklit von Ephesus, griech. Philosoph, um *540 v Chr., † um 480 v. Chr.]

Die kleine Schildkröte Aurea war die erste, die sich aus der Schale des Schildkröteneies gestrampelt hatte. Sie hörte es rund herum knacken. Eine Schildkröte nach der anderen schlüpfte aus ihrem Ei. Geleitet vom hellen Licht des Vollmondes krabbelten die kleinen Schildkröten über den Strand Richtung Meer. Sie mussten sich beeilen, ins Wasser zu gelangen. Dort waren sie bis auf weiteres einmal in Sicherheit. Jahr für Jahr war es ein entzückendes Schauspiel, wenn die zahlreichen eben geschlüpften Schildkröten mit ihren kleinen Flossen und ihrem noch weichen Panzer etwas unbeholfen, aber voller Tatendrang über den Strand tapsten, um sich in die Fluten zu stürzen.

„Yippie, ist das großartig!", rief Aurea, während sie ins Wasser tauchte und einen Salto nach dem anderen schlug. Das frische kühle Nass war genau das Richtige nach der Anstrengung. Sie musste gar nicht allzu viele Tempi machen, denn die Wellen, die vom Ufer zurückkamen, wirbelten den kleinen Zwerg durch das dunkelblaue Wasser. Auch von hier aus konnte Aurea den Mond sehen. Sie blickte ein letztes Mal zu ihren Geschwistern zurück und tauchte hinaus in das Meer.

Vielleicht würde sie den einen oder anderen wieder treffen, jetzt aber mussten sie sich alle schleunigst auf den Weg in die Tiefen des Ozeans machen.

Aurea war bereits eine gefühlte Ewigkeit unterwegs. Doch alles war so still und leer. Sie fühlte sich verdammt einsam. Die wenigen Fische, die ihr begegneten, waren auch nicht wirklich gesprächig. Sie hatte sich das Leben im Meer viel bunter, viel aufregender und vor allem viel lebendiger vorgestellt. Während Aurea ihren Gedanken nachhing und sich am Meeresgrund treiben ließ, erblickte sie eine riesige Schildkröte schlafend in einer Seegraswiese. Sie beschleunigte ihr Tempo und schwamm zu dieser hin. Aurea betrachtete sie genauer. Diese Riesenschildkröte muss schon einige Jahre auf dem Panzer haben, dachte sie. Aurea war sich nicht sicher, ob sie sie aufwecken und ansprechen sollte, als die große Schildkröte plötzlich die Augen aufschlug.

„Hallo, meine Kleine, wer bist du denn?"

„Ich? Ich bin Aurea", stotterte sie. „Wer bist du?"

„Mein Name ist Giulia. Ich freue mich, dich kennen zu lernen. Du bist aber noch nicht sehr lange auf der Welt", stellte die große Schildkröte fest.

„Nein, nicht wirklich. Allerdings fühle ich mich bei der langen Strecke, die ich schon hinter mich gebracht habe, ein wenig müde", antwortete Aurea.

Giulia musste lachen. „Das ist ja herzig. Na dann gewöhn dich ruhig daran, denn im besten Fall hast du noch achtzig Jahre vor dir. Unter der Voraussetzung, du landest nicht in einem Schleppnetz eines Fischers."

Aurea sah Giulia nachdenklich an.

„Sind dort auch alle anderen Fische, Seesterne, Krabben und sonstige Meerestiere? Ich habe nämlich kaum jemanden auf meiner Reise getroffen. Das war unheimlich."

„Das ist auch wirklich unheimlich. Die Meere sind teilweise ausgefischt. Mehr als die Hälfte aller Fischbestände sind bis an die biologischen Grenzen befischt. Thunfisch, Schwertfisch, Kabeljau, Marlin, Rochen und Flunder sind beinahe verschwunden. Diese Tiere sind sogar vom Aussterben bedroht, wenn sich in der Fischerei nicht bald etwas ändert", erklärte Giulia.

„Wer macht denn so etwas?", frage Aurea erschrocken.

„Die Menschen machen das. Hochmoderne Fangschiffe lassen kilometerlange Leinen und gigantische Netze bis 2.000 Meter auf den Meeresgrund und alles wird eingefangen, was nicht durch die Netze geht. Und das ist so gut wie gar nichts. Im Gegenteil, sie erwischen so bis zu rund 3.000 Tonnen Fisch pro Fang."

„Das ist ja schrecklich!", rief Aurea aus. „Was machen die Menschen denn mit dem vielen Fisch?", wollte sie wissen.

„Essen, so wie wir auch. Wenn sie allerdings so rücksichtslos weiterfischen, ohne dass sich die Fischbestände erholen können, werden in einigen Jahrzehnten weder wir Meeresbewohner noch die Menschen Fisch zu essen haben. Aber darüber denken sie offensichtlich nicht nach. Außerdem hat dieser extreme Fischfang enorme Auswirkungen auf das Ökosystem Meer, möglicherweise mit irreparablen Folgen."

„Das ist ja ganz schön schlimm!", rief Aurea dazwischen.

„Solche Schiffe sind wie schwimmende Fabriken, die die Fische gleich an Bord verarbeiten und verpacken. Du kommst als Fisch ins Netz und als tiefgefrorenes Fischstäbchen verpackt von Bord. Rund ein Drittel der gefangenen Fische und Meerestiere wird als sogenannter Beifang tot oder halbtot wieder zurück ins Meer geworfen. Die Jungfische sind nicht verwertbar und ob Delfine, Wale oder Schildkröten überleben, die sich in den Netzen verfangen haben, kümmert die Menschen nicht. Leider landen Jahr für Jahr 250.000 Schildkröten in den Netzen der Fangflotten."

„Ich will aber nicht als sogenannter Beifang enden. Wie komm ich denn dazu?", rief Aurea.

„Das muss ja nicht der Fall sein. Du musst sehr gut auf dich aufpassen und die nötige Portion Glück haben. "

Giulia sah, wie verschreckt Aurea plötzlich war und versuchte, sie ein wenig aufzumuntern.

„Eine gute Nachricht habe ich aber für dich. Immerhin sind wir Meeresschildkröten mittlerweile streng geschützt. Das heißt, die Menschen dürfen uns nicht mehr fangen", erklärte die große Schildkröte der kleinen. „Das ist doch was oder nicht?"

„Ja, wahrscheinlich, weil es nur mehr so wenige von uns gibt. Habe ich Recht?!"

„Du hast Recht. Wir hoffen, dass sich die Artenvielfalt und die Population unter den Fischen wie auch bei allen anderen Meeresbewohnern wieder etwas erholen. Immerhin existieren wir Schildkröten bereits seit 225 Millionen Jahren. Wir sind quasi so etwas wie Überlebenskünstler und daran halten wir fest."

Aurea musste lächeln. Obwohl sie in so kurzer Zeit so viel Schreckliches erfahren hatte, war sie froh, nun eine weise Schildkröte als Freundin zu haben. An ihrer Seite fühlte sie sich sicher. Immerhin würde sie noch unendlich viele Kilometer durch die Ozeane der Welt schwimmen. Da war ein wenig Beistand sehr wichtig.

Die kleine Biene Philomena und die Pestizide

Philomena summte von Mohnblume zu Mohnblume, den Lieblingsblumen der kleinen Biene. Immer wenn sie auf ihre Wildbienenfreundin Kyra wartete, zählte sie ihre Lieblingsblumen. Meistens kam sie nicht über zehn Mohnblumen hinaus, schon kam Kyra angeflogen. Die beiden kleinen Bienen trafen sich jeden Tag zur selben Zeit am selben Fleck auf der herrlich bunten Blumenwiese.

Aber seit einigen Tagen war alles anders. Philomena flog von Mohnblume zu Mohnblume, doch Kyra, die kleine Wildbiene, kam nicht. Schließlich flog Philomena zu der schönsten Mohnblume und beschloss, auf ihre Wildbienenfreundin zu warten.

„Philomena, was machst du denn noch spät abends hier im Mohnblumenfeld? Wir hatten schon Angst, dir sei etwas passiert", rief Laetitia, die große Biene aufgeregt und erleichtert zugleich.

„Kyra ist heute schon wieder nicht aufgetaucht. Ich mache mir große Sorgen. Ich habe sie seit ein paar Tagen nicht mehr gesehen", antwortete die kleine Biene traurig.

„Vielleicht ist sie mit ihrem Schwarm in ein anderes Gebiet umgesiedelt. Du weißt ja, dass das manchmal vorkommt, sollte sich die Vegetation so verändern oder verändert werden, dass sie dort nicht mehr genügend Nahrung finden", versuchte die große Biene die kleine zu trösten. „Nein, Kyra wäre nicht einfach so weggeflogen, ohne sich von mir zu verabschieden!", antwortete Philomena überzeugt. Laetitia wusste, dass die Kleine wahrscheinlich Recht hatte und wurde das ungute Gefühl nicht los, dass hier wirklich etwas nicht stimmte. „Komm mal mit, wir fliegen zu dem anderen Hang hinüber und sehen nach. Was hältst du davon?", schlug Laetitia vor und hoffte, dass sie nicht allzu Schlimmes erwarten würde. Philomena war schon in der Luft und flog voraus.

Die beiden Bienen ließen die saftigen Wiesen hinter sich, die zu dem großen weißen Bauernhaus gehörten, in dessen Landwirtschaft ihre Bienenstöcke standen. Sie überflogen Streuobstwiesen, die von ihrem Bauer bewirtschaftet wurden, und näherten sich hangabwärts einer kleinen Au, durch die ein zartes Bächlein floss.

Die Idylle trog. Das Bächlein bildete eine merkbare Grenze. Die traumhaft in allen erdenklichen Farben strahlende und gedeihende Vegetation ging über in systemisch angelegte und rasterförmig wachsende Getreidefelder. Philomena stoppte in der Luft und sah sich verwundert um. Wo waren sie da hingekommen?

Keine bunten Blumen, keine blühenden Bäume, keine Schmetterlinge und auch keine Bienen. Laetitia sagte mehr zu sich als zu ihrer kleinen Begleiterin: „Na, jetzt wundert mich nichts mehr."

„Was heißt das? Was meinst du? Wo sind wir? Wo ist Kyra?" Philomenas Flügel schlugen auf Höchstgeschwindigkeit, im gleichen Tempo sprudelten auch die Fragen aus ihr heraus. Laetitia entschied, diese vorerst unbeantwortet zu lassen und flog zu dem kleinen Erdwall voraus, von dem sie wusste, dass dort die Wildbienen dieser Gegend lebten.

Es kam so, wie sie es befürchtet hatte. Die meisten der Erdlöcher waren verlassen und leer. In einigen wenigen lagen noch Wildbienen, viele davon waren nicht mehr am Leben. Plötzlich hörte sie ein schwaches Summen aus dem hintersten Eck. Auch Philomena hatte das leise Geräusch vernommen und war sofort hingeflogen.

„Laetitia, komm schnell, es ist Kyra, sie ist ganz schwach!"

Die beiden Bienen stützten Kyra und flogen sie zurück zur nächsten Blumenwiese, um sie dort mit etwas Nektar zu versorgen.

Als sich alle drei Bienen wieder beruhigt hatten und Kyra halbwegs zu Kräften gekommen war, bedankte sich die kleine Wildbiene bei ihren Retterinnen. Laetitia fragte vorsichtig: „Kyra, ohne dich aufregen zu wollen, aber sind alle anderen Wildbienen aus deinem

Schwarm…ich meine, bist du…seid ihr…die wenigen, die wir im Erdhang noch gesehen haben, die einzigen Überlebenden?"

Kyra nickte und eine große, dicke Träne tropfte auf die Kamille, auf der sie alle drei saßen. „Nach und nach sind immer mehr Bienen nicht mehr nach Hause gekommen. Einige sind am Weg zum Erdhang verendet, manche erst in ihrem Erdloch. Es ist schrecklich. Ich bin dann ganz einfach nicht mehr ausgeflogen. Ich hatte Angst, ich wollte nicht sterben. Aber ohne Nahrung bin ich immer schwächer und schwächer geworden", erzählte Kyra.

Laetitia streichelte sie sanft. Philomena wollte ungeduldig von der großen Biene wissen, was da los war und sie wollte nicht, dass es ihnen in ihrem Bienenstock auch so erging.

„Keine Angst, meine Kleine, uns wird das nicht passieren. Wir sind in der glücklichen Lage, dass unser Bienenstock bei einem Biobauern steht, der sich um uns und um die Umwelt kümmert. Er weiß, dass es im Leben immer ein Geben und Nehmen gibt. Er weiß auch, dass wir für ihn sehr nützlich sind. Er pflegt und hegt unseren Lebensraum, dafür bestäuben wir für ihn die Pflanzen. Wisst ihr eigentlich, dass wir das drittwichtigste Nutztier des Menschen sind? 71 der 100 häufigsten Kulturpflanzen sind von unserer Bestäubung abhängig. Dank ihr gibt es rund 4.000 Gemüsesorten. Und so ganz nebenbei produzieren wir ja auch noch Honig." Die beiden kleinen Bienen hörten Laetitia aufmerksam zu.

„Und was ist nun mit Kyras Schwarm geschehen?", wollte Philomena wissen.

„Tja, nicht allen Bienen geht es so gut wie uns. Besonders die Wildbienen sind sehr gefährdet, denn der Großteil der Landwirtschaft wird leider nicht ökologisch – sprich, ohne Einsatz chemischer Spritzmittel und daher umweltschonend – sondern konventionell betrieben. Durch den vermehrten Anbau von Monokulturen verliert sich die Vielfalt der Pflanzen. Aufgrund des uneingeschränkten Fleischkonsums muss immer mehr Lebensraum dem Anbau von Getreide weichen, das als Futtermittel für die Nutztiere dient. Für die Weideflächen werden immer mehr Wälder gerodet. Da sich die Landwirtschaft so schnell industrialisiert hat, weil immer mehr Lebensmittel erzeugt werden, obwohl tagtäglich Unmengen davon wieder weggeworfen werden, kommen immer mehr chemische Spritz- und Düngemittel zum Einsatz. Diese zerstören auch die Blumenstreifen rund um die Felder und damit die Nahrung der Bienen. Außerdem sind diese Mittel für uns Bestäuber tödlich. Das war bei Kyras Schwarm der Fall, denn die giftigen Insektizide haben viele Auswirkungen. Wenn sie die Bienen nicht gleich töten, stören sie deren Kommunikationsfähigkeit, deshalb finden viele von ihnen nicht mehr zurück. Auch das Sammel- und Lernverhalten wird beeinträchtigt, wodurch zahlreiche Bienen nicht mehr zu ihren Futterplätzen finden.“

„Aber warum machen die Menschen das? Warum nehmen sie UNS die Nahrung weg, wenn wir nützlich und notwendig für IHRE Nahrung sind?“ fragte Philomena.

„Das ist eine gute Frage. Ein Großteil der Menschen lebt und denkt einfach nur an sich selbst. Außerdem ist die Gier nach Profit ein sehr starker Antrieb, um Dinge zu tun, die die Menschen irgendwann einmal bereuen werden. Vielleicht nicht diese Generation, vielleicht auch noch nicht die nächste. Aber töten sie uns Bienen, töten sie über kurz oder lang auch sich selbst." Die beiden kleinen Bienen schauten mit gesenktem Kopf und großen Augen zu Laetitia. Die große Biene nahm die beiden kleinen an den Flügeln.

„Kyra, du kommst jetzt mit zu uns auf den Biobauernhof. Dort wirst du dich von deinem Schock erholen und sehen, wie das harmonische Zusammenleben zwischen Mensch und Tier funktionieren kann."

Der kleine Mensch Sarah und die Menschlichkeit

„Humanismus ist der Glaube an das Gute im Menschen und das Anwenden dieses Glaubens mit einem kühlen Kopf und einem warmen Herzen."

[Unbekannt]

Tosender Applaus, Standing Ovations. Das Konzert des Orchesters „Musik verbindet" hatte mit seinen Melodien die Herzen der Zuhörer erreicht. Sophie, die junge Violinistin, fühlte sich großartig und gleichzeitig zerriss es ihr fast das Herz bei dem Gedanken an den Zweck des Benefizkonzertes. Da überreichte ihr ihre kleine Schwester Sarah gemeinsam mit einem fremden kleinen Mädchen voller Bewunderung einen wunderschönen Blumenstrauß. Doch dann hielt diese kurz inne. „Warum weinst du? Es war doch ein großartiges Konzert!"

„Ich weine, weil ich so glücklich bin, dass wir dieses Konzert heute geben konnten. Sieh dir die strahlenden Gesichter an! Vor ein paar Monaten waren diese Leute noch auf der Flucht. Sie haben Hab und Gut verloren, ihre Häuser verlassen und sich zu Fuß auf den Weg gemacht, halbe Kontinente durchquert in der Hoffnung auf ein sicheres Leben. Das kann man sich – so wie wir hier leben – gar nicht vorstellen", erklärte Sophie ihrer kleinen Schwester.

Sarah nickte. Sie kannte den Anlass dieses Konzerts. Für sie machte es keinen Unterschied, woher die Menschen kamen. Ganz im Gegenteil, sie hatte eine neue Freundin gefunden. „Schau mal, das ist Basima. Sie kommt aus Syrien und ist seit drei Monaten hier in Österreich. Sie spricht schon unglaublich gut Deutsch. Ist das nicht toll?" Das kleine dunkelhaarige Mädchen sah Sophie aus großen Augen an. „Sie haben sehr schön gespielt." „Du hast einen wunderschönen Namen", antwortete Sophie dem entzückenden kleinen Mädchen. „Ihr Name bedeutet Lächeln", rief Sarah dazwischen. Sophie fand, dass dieser Name zu ihrem Wesen passte. Sie war, so dachte Sophie, in ihrem jungen Leben schon auf der Flucht vor Krieg, Hass und Vergeltung gewesen. Dennoch schien sie voll Liebe und Zuversicht zu sein. Sie machte ihrem Name alle Ehre.

Sophie nahm die beiden Mädchen an die Hand und setzte sich mit ihnen in die bereits leer gewordene erste Reihe, denn Sarah wollte von ihr wissen, warum die Menschen in manchen Ländern so viel Leid ertragen mussten.

„Tja, das ist nicht ganz leicht zu beantworten. Seit Menschengedenken wurde immer wieder Krieg geführt. Die Gründe dafür sind nicht zu verstehen. Wir Menschen bekommen unser Leben geschenkt und sollten es nach bestem Wissen und Gewissen führen und versuchen, das Beste daraus zu machen. Das Wichtigste im Leben sind Respekt und Achtung gegenüber allem und jedem.

Jeder Mensch hat das Recht auf Liebe, Frieden und Glück – egal, wo er geboren wurde. Leider sehen das nicht alle Menschen so", versuchte sie zu erklären.

„Wenn schon so viele Kriege geführt, so viele Menschen verfolgt und getötet, so viele Städte zerstört wurden, warum werden die Menschen nicht gescheiter?" wollte Sarah wissen. Auch Basima hörte aufmerksam zu und nickte.

„Kriege werden geführt, weil Menschen besitzen wollen, was ihnen nicht gehört, oder weil sie Macht ausüben wollen und ihre Ideologie als einzig wahre sehen. Egal, ob unter dem Deckmantel Religion, Machterweiterung oder einfach nur aus blindem Hass – Krieg ist immer nur schrecklich." Sarah war entsetzt.

„Warum hören sie nicht auf damit?"

„Weil sie aus der Geschichte leider nichts lernen. Viele Menschen lassen sich von Politikern und Medien manipulieren, ohne über die Geschehnisse gründlich nachzu-denken. Und das auch in Ländern, in denen Frieden herrscht." Eindringlich erklärte Sophie den Mädchen: „Das Einzige, das zählt, ist, dass alle Menschen gleich sind, egal, welchen Geschlechts, welcher Hautfarbe, Herkunft oder Religion. Denn niemand kann etwas dafür, wo er geboren wurde." „Genau, und wer etwas anderes sagt, ist einfach nur dumm!" vollendete Sarah und Basima nickte zustimmend. „Das ist richtig. Niemand hat das Recht, zu behaupten, dass ein Mensch aufgrund seines Geschlechts oder seiner Herkunft weniger wert ist. Das ist anmaßend und hochmütig und unbegründet. Es gibt nämlich nur eine Rasse und die heißt Mensch! Alles andere ist stumpfsinnig und falsch – ideologisch wie biologisch!"

Das waren sehr ernste Worte für so junge Mädchen und Sophie lenkte daher das Gespräch in eine andere Richtung. „Gefällt es dir hier bei uns?", fragte sie die neue Freundin ihrer kleinen Schwester. „Ja, es ist sehr schön und die Menschen sind sehr gut zu uns", antwortete Basima. Sophie war froh, dass es der kleinen Basima und ihrer Familie jetzt gut ging. Und auch, dass sie hier freundlich aufgenommen worden waren. Das war nicht immer so, wie sie wusste. Aus verschiedenen Gründen fühlten sich viele Menschen von Flüchtlingen in ihrem Dasein bedroht. Diese Angst wurde von rechten Politikern und bestimmten Medien aufgegriffen, um darauf ihre fadenscheinigen Hetzkampagnen aufzubauen. Um weitere Ängste zu schüren und Lügen zu verbreiten, anstatt an das Gute im Menschen zu appellieren und Empathie zu fördern. Sophie wusste aus Erfahrung, welch großartige Gefühle entstanden, wenn man anderen Menschen half. Die Dankbarkeit, die man erfuhr, war kaum in Worte zu fassen. Man konnte sich nicht in das Elend dieser Menschen hineinversetzen. Der Mensch, der seine Heimat, Hab und Gut verließ und sich auf die Flucht begab, machte dies nicht ohne Grund.

Man konnte nur versuchen, diesen Menschen die Not zu erleichtern. In solch einer Situation war jeder froh und dankbar, wenn geholfen wurde, anstatt Anfeindungen ausgesetzt zu sein.

Sophie sah die beiden Mädchen liebevoll an. Es war schön, wie unbedarft Kinder waren. Ohne Vorurteile, neugierig, wissbegierig, freundlich. Traurig, dass Erwachsene oft so wichtige Eigenschaften wie Verständnis, Mitgefühl und Respekt verloren. Denn eines war klar: Nur wenn ich mein Gegenüber achte, wird auch mir Achtung entgegen gebracht. So folgt einem Lächeln ein Lächeln und Hass zieht wiederum Hass an. Und ganz ehrlich, wer will schon in einer hasserfüllten Gesellschaft leben, wo das Leben doch so schön sein kann?

„Komm, Sophie, wir machen unsere Eltern mit Basimas Eltern bekannt!" rief Sarah und lief mit ihrer Freundin schon voraus. Sophie war glücklich über diesen wunderschönen Tag, dass sie Teil davon sein konnte, zahlreichen Menschen eine Freude zu machen, dass ihre kleine Schwester und Basima Freundinnen geworden waren und dass auch sie bald neue Freunde aus einer anderen Kultur finden würde.

„Die Natur braucht sich nicht anzustrengen, bedeutend zu sein. Sie ist es."

[Robert Walser, Schweiz. Schriftsteller,* 1878 - † 1956]

Nachwort

Der Einsatz für andere – ganz gleich ob Mensch, Tier oder die Natur – kann sehr große Freude bereiten. Das heißt, Verantwortung zu übernehmen für sich selbst, für die nächsten Generationen und damit gleichzeitig für die Umwelt. Es bedarf des Bewusstseins, dass jede unserer Handlungen eine Folgehandlung auslöst und somit Konsequenzen hat. Und dass wir genau deshalb mit jeder unserer Handlungen auch etwas Positives bewirken und für unsere Ziele und Wünsche einstehen können.

Ich muss kein Fleisch essen, das aus Massentierhaltung stammt. Ich muss keine Fertigprodukte aus dem Supermarkt kaufen, an denen kein Bauer etwas verdient. Ich kann das Wasser abdrehen, während ich Zähne putze. Ich kann das Licht abdrehen, wenn ich den Raum verlasse und ich kann auch den einen oder anderen Weg ohne Auto zurücklegen. All dies hat Konsequenzen. Ob positiv oder negativ, das liegt in der Entscheidung und in der Verantwortung jedes Einzelnen.

Was wir uns immer vor Augen halten sollten, ist, dass die Erde in einer Perfektion geschaffen wurde, die ihresgleichen sucht. Das funktionierende Ökosystem verlangt aber, dass jedes einzelne Teilchen seine Aufgabe und seine Bestimmung behält, jedes Rädchen in das nächste reibungslos übergreift.

Wenn wir uns in der Welt umsehen, müssen wir feststellen, dass es gerade der Mensch ist, der die Pflanzen, Tiere, die gesamte Umwelt und letzten Endes auch sich selbst zerstört. Und warum? Weil er glaubt, er muss in alle bestehenden Systeme eingreifen, um sie zu optimieren, um daraus Profit schlagen zu können. Zum Teil mit irreversiblen Schäden an der Umwelt, verursacht von Wirtschaft, Industrie und Technik unter dem Deckmantel des Fortschrittes. Aber wohin „fort" wollen wir denn?

Um Lösungen zu finden, muss man erst die Probleme kennen. Das Wichtigste ist, den Problemen nicht gleichgültig gegenüberzustehen, sondern sich bewusst Fragen zu stellen: Woher kommt mein Essen? Was passiert mit meinem Müll? Brauche ich das neue Handy wirklich? Auf welche Weise wird mein Strom erzeugt? Mit welchem Recht quälen wir Tiere?

Diese Liste ließe sich unendlich lange fortsetzen. Neugier, Wissensdurst, Empathie und Reflexion sind wichtige Unterstützer, damit der gesunde Menschenverstand und das intuitive Bauchgefühl gut zusammen arbeiten.

Es braucht eine stete Bewusstseinsbildung, damit jeder zum mündigen Konsumenten wird und Verantwortung für die Umwelt und sein eigenes Handeln übernimmt, um Missstände aufzuzeigen und mit gewissenhafter Haltung positive Veränderungen herbeizuführen.

Autorin

IRINA WEINGARTNER, geboren 1981 in Amstetten, studierte Theater-, Film- und Medienwissenschaft in Wien.

Erfahrung im Umgang mit Menschen sammelte sie in zehnjähriger Tätigkeit neben dem Studium in der Gastronomie und anschließend neun Jahre im Marketing eines internationalen Großkonzerns.

Seit 2011 schreibt sie für die österreichischen Magazine wein.pur und das Genuss.Magazin.

Ein verantwortungsvoller Umgang mit der Natur sowie ein respektvolles Miteinander sind für sie die Grundvoraussetzungen für ein selbstbestimmtes Leben.

Illustratorin

SANDRA SIEBERT, geboren im August 1969 in Wr. Neustadt, lebt und arbeitet im Bezirk Baden bei Wien.

Gelernte Einzelhandelskauffrau mit kreativer Veranlagung, zeichnet seit ihrer Schulzeit und hat es nie aufgegeben.

Sie liebt Katzen, Comics & Cartoons, fertigt bunte Filzgeschöpfe und hat 2014 erste eigene Texte illustriert.

(Veröffentlichungen: „Von Katzenmüttern und Katzenkindern – Morgenstund hat Gold im Mund" sowie „Ein neuer Duft liegt in der Luft" in mein HAUSTIER Ausgabe 6/2014 & 1/2015; Ausstellungen: Kunstadvent Baden – 2015/2016)

„Der kleine Stern Marlou und seine Freunde" waren daher eine besondere Herausforderung.
Auch eine Herzensangelegenheit, die Spaß gemacht hat – unserer Umwelt zuliebe.

Quellenverzeichnis

Bücher

Arvay, Clemens G.: Friss oder Stirb, 2013 Ecowin Verlag

Arvay, Clemens G. & Düringer, Roland: Leb wohl, Schlaraffenland – Die Kunst des Weglassens, 2013 Verlag edition a

Salcher, Andreas: Ich habe es nicht gewusst, 2012 Ecowin Verlag

Schierl, Helene: Öko-logisch und (fast) plastikfrei haushalten, 2014 im Eigenverlag

Schmidt-Bleek, Friedrich: Grüne Lügen – Nichts für die Umwelt, alles fürs Geschäft – wie Politik und Wirtschaft die Welt zugrunde richten, 2014 Ludwig Verlag

Filme

- Jeremy Irons Dokumentarfilm „Weggeworfen – Trashed" über das Ausmaß und die Auswirkung des Mülls: https://www.youtube.com/watch?v=UDXgT_0SQVs
- Regisseur Werner Boote zeigt im Film „PLASTIC PLANET", dass Plastik eine Bedrohung für Mensch und Umwelt ist: https://www.youtube.com/watch?v=mlgmG4OrdyU
- „We feed the world" - Dokumentarfilm über Ernährung und Globalisierung von Erwin Wagenhofer: https://www.youtube.com/watch?v=41mi9igl5Kk und die Homepage dazu: http://www.we-feed-the-world.at/
- Robert Schabus' Dokumentarfilm „Bauer unser" zeigt, wie es auf Österreichs Bauernhöfen zugeht: https://www.youtube.com/watch?v=7_nXbFiRYDE
- Before the flood – Leonardo DiCaprio zeigt die dramatischen Folgen des Klimawandels in der heutigen Zeit auf: https://www.youtube.com/watch?v=KY9iqeiyyBM
- „Kaufen für die Müllhalde" – ARTE Dokumentarfilm von Cosima Dannoritzer über die heutige Konsumgesellschaft: https://www.youtube.com/watch?v=zVFZ4Ocz4VA
- ARTE Dokumentation „An der Grenze des Wachstums" von Karin de Miguel Wessendorf: https://www.youtube.com/watch?v=OcbB44v4Utl
- ARTE Dokumentation „Die Tricks der Lebensmittelindustrie": https://www.youtube.com/watch?v=B70CdN0al4o

- http://www.tastethewaste.com Dokumentation über die Lebensmittelverschwendung – das Buch dazu „Die Essensvernichter –
Warum die Hälfte aller Lebensmittel im Müll landet und wer dafür verantwortlich ist": http://essensvernichter.de
- 3sat-Doku: „Schmeiss weg, kauf neu - Warum nicht mehr repariert wird": https://www.youtube.com/watch?v=Cs64_cutjfk
- ZDF Reportage „Schrauben fummeln reparieren": https://www.youtube.com/watch?v=bXiSREJ7WlA

Links
- Die offizielle Homepage zum Film PLASTIC PLANET: http://www.plastic-planet.de und http://www.plastic-planet.at
- http://www.wenigermist.at
- www.eingutertag.org
- David Groß initiierte die Bewegung wastecooking, die genussvoll gegen Lebensmittelverschwendung protestiert: http://www.wastecooking.com
- Gesellschaft für die Erhaltung der Kulturpflanzenvielfalt und ihre Entwicklung: https://www.arche-noah.at
- https://www.labonca.at
- http://www.greenpeace.org
- http://www.vier-pfoten.at
- http://www.wwf.at
- https://www.global2000.at
- https://www.vgt.at – Verein gegen Tierfabriken
- http://www.peta.org – People for the Ethical Treatment of Animals
- http://www.umweltberatung.at
- https://www.sein.de/die-grenzen-des-konsums-sind-erreicht
- http://www.codecheck.info

156